自然災害からの学びと教訓

PTA防災実践事例集

監修　大矢根　淳　専修大学教授　著作　公益社団法人　日本PTA全国協議会

はじめに

　日本は、地球上で特に地震の起きやすい場所に位置しており、世界中の大きな地震の約20％が日本で起きていることから「地震大国」と呼ばれています。さらに、噴火の可能性がある活火山は110火山あるとされ、世界の火山の約7％が日本にあります。

　また、地震による津波、大雨や台風、低気圧や前線、竜巻などの突風による風水害も外国に比べて多く、自然災害が発生しやすい国です。

　日本の自然災害による被害は、第二次世界大戦以降減少傾向にあると言われておりますが、6年前（2011年）に発生した東日本大震災は、地震・津波による被害に加え、福島第一原子力発電所事故による放射能被害もあり、戦後最大の自然災害であると同時にこれまでとは異なった被災状況を生じさせました。

　公益社団法人日本ＰＴＡ全国協議会（以下、日本ＰＴＡ）は、子どもたちの豊かで健やかな成長を願い、災害によって被災した状況からの1日も早い復旧・復興に向け、全国組織のネットワークを活用した募金活動や支援物資等を送る活動を展開してきました。

　災害が発生した後、各協議会等からの情報や依頼をもとに、私たちが連携して素早く的確に対応することは重要な支援の一つですが、何よりも大切なことは命を守ることであり、災害による被害を出来るだけ少なくする「防災」です。

　災害に備えて家の中や身の回りの安全対策、避難場所の確認と避難の仕方、備蓄品等の確認と準備、家族の安否情報確認の方法を日頃から決めておくなど、自分たちで出来る「自助」と地域・ＰＴＡや身近にいる人同士が助け合って取り組む「共助」が防災の基本であるといわれております。

　本書は「自助」、「共助」を中心に、ＰＴＡらしく「子ども」、「保護者・教職員」、「学校」の立場で、小・中学校やＰＴＡで災害に遭われた方々、防災に取り組んでいる方々の実体験や取組などの実例を取りまとめたこれまでに例の無い防災事例集であり、全国ネットワークを有する日本ＰＴＡならではの内容となっています。防災、発災時の参考書として学校やＰＴＡはもとより、多くの皆様にご活用いただき、大切な生命と財産を守る地域の防災力向上につながることを願っております。

　おわりに、本書の発刊にあたり、ご寄稿・編集発刊にご尽力下さいましたすべての皆様に感謝とお礼を申し上げ、ごあいさつとさせていただきます。

平成29年3月

公益社団法人　日本PTA全国協議会
会　長　寺　本　　充

自然災害から学んでおくべきこと・防災の取り組み

PTA・学校・地区の連携を進めるために

専修大学人間科学部教授　大矢根　淳

結果防災（生活防災）

　これを書いている３月中旬、そろそろ桜開花前線がスタートしそうで、お花見が待ち遠しいところだ。防災の領域には、「土手の花見」というエピソードがある。川の土手には、よく、桜が植えられているもので、この時期になると花見の酒宴が張られることが多い。冬の霜で土の堤防は緩んでいることから、この時期に踏み固めておこう、そして、梅雨期の増水に備えようという、防災上の工夫だといわれている（矢守,2005）。日常的な生活のリズム、営み（年中行事など）の中には、このように、結果的に防災の役割・機能を果たしていることがらが多々ある。確かに、いつもいつも「防災」「減災」…と追い立てられていては、「もう防災は結構!!」という気もしてきてしまうだろう。さりげない日常的な取り組みの中に、結果的に防災機能が盛り込まれていれば…、そうすればこれは一石二鳥となる。

　本書では、全国のＰＴＡの防災に関わる貴重な取り組みの数々が、実に詳細に報告されていて、彼の地の真摯な取り組みに学ぶことができる。ここではその学びをいま一歩前進させるべく、こうした事例をいま一歩、深く読み解く視角をいくつか提案してみたいと思う。その際のキーワードは、結果防災、マルチステークホルダー、シナリオ作成、地区防災、である。

　さきの「土手の花見」がまさにその実例であるが、「防災」とは直接的には口にしない、さりげない防災。それが結果的に防災になっているのかぁ…、という防災。まずは、そういう日常的な取り組みを重ねておくことが必要なのではないかという問いかけである。

　2014年11月22日、午後10時8分、「長野県神城断層地震」（M6.7、最大震度6弱）が発生して、長野県白馬村の一部の集落に集中的に住宅被害が発生した。多くの家屋が一瞬にして倒壊したが、死者は0。「白馬の奇跡」と呼ばれる。そもそも積雪の多い地方であったことから太い柱が用いられて家屋が頑強であったこと、近隣のつながりが強く、声かけ・情報連絡の体制が完備されていたこと、家屋や生活の構造を互いに熟知していて救助がしやすかったこと、そして救助の道具があったこと、などがあげられている。ここでは救助の道具・ジャッキについて触れておこう。各家庭で一人一台とまで言われるほど自家用車が普及してい

て、11月末という時期、タイヤ交換（夏のノーマルタイヤから冬のスタッドレスタイヤへ）は自前で行うことが一般的。ちょうどその作業をしたばかり、あるいはこれからするところという時期で、マイカー常備のジャッキが皆にすぐに想起されて、これを数トンの重さのある倒壊家屋にあてて持ち上げ、救助に成功した。大きな屋敷のどこに居るか（就寝しているか）もおおよその見当がついていたため、ジャッキをあてる位置も的確で、愛称を叫び声を掛けて励ましながら救助に当たった。日常的な関係性、生活用具が、結果的に防災的機能をいかんなく発揮した。

　日常的に使い慣れた道具しか緊急時には使いこなせない。防災のためだけに用意された品々は、常に防災業務に従事しているプロにしか使いこなせない。だから、防災訓練を通して防災資機材の使い方を習熟しておくべきだとの理屈が立つわけであるが、現実的に地区の防災訓練に各層多数の参加者が集うというわけではないだろう。そこで、日々の暮らしの諸側面を再検して、上述のような結果的な防災的機能がどう存在しているのか、思いを巡らせておくことの意義が見えてくる。先の倒壊家屋からの生存者の救出には、防災倉庫のバールにこだわることなく、マイカーのジャッキがあれば、これの方がタイミング的にも機能的に優位であったのである。

　ところで、バールについて別の角度から考えてみよう。少し角度はズレるが、防災倉庫と体育倉庫。頭に思い描いて欲しい。子ども達は毎日、体育の授業で、体育倉庫から様々な道具を取り出して授業に臨んでいる。各種ボールやラインマーカー、綱引きの綱やマットや…。限られた授業時間枠で取り出して使用し、またきちんと片づける。次のクラスも迷うことなくこれを使うことができる。毎日毎時間、これが当たり前のように繰り返されている。さて、近所にあるはずの防災倉庫はどうだろう。バールが倉庫のどこに何本あるか、知っている人がどれだけいるだろうか。震災が発生すると、まずは一刻を争う救出救助となるから、数時間も後に使うかもしれない炊き出し道具よりはバールは倉庫の前面の目立つところに置かれていなくてはならないはずであるが、しかしながら実際は、あの黒っぽい鉄の棒は、暗い倉庫のどこか端のほうに収納されているらしく、目に入らないことが多いようだ。「今日の体育はサッカー」となると、体育倉庫から子ども達は迷いなくすぐにサッカーボールをいくつも持ち出して来る。日常的に使いこなしているモノを使いこなしている人のみが、それを手にすることができる。

マルチステークホルダー参画の被災対応シナリオ

　防災倉庫を体育倉庫と関連させて考えたところで、次は、避難所となる学校に

ついて考えてみたい。最近では、避難所運営ゲーム（避難所運営ゲーム：HUG）が普及しているから、耳にしたことがある人も多いことだろう。静岡県が開発した「避難所 HUG」はインターネット上にそのノウハウが公開されているので、参照していただきたい。

さて、災害対策基本法に基づいて県・市町村が策定する地域防災計画において学校は指定避難所となっていて、災害が発生すると、施設を開放して、避難者を受け入れることとなっている。その開設・運営の流れを学ぶのが上記の HUG である。一通りこれを経験したところで、あるいは、それの前に、以下のことを考えてみて欲しい。

避難所を開設して運営するには、どのような人々がそこに関わってくるのか、その一連のプロセス（シナリオ・ストーリー）に登場するキャラクター（役者）を、学芸会の演劇の台本のように記して見よう。災害、例えば、大震災が発生したとの想定で、避難所開設のシナリオを書いてみようというわけである。

そこでいくつか、意地悪な事情・状況を提案してみよう。劇の台本（シナリオ）の書き方が少し難しくなってしまうかもしれないが…。大震災発生からしばらくして、おおよそ1、2時間して、多くの怪我人が戸板や畳に乗せられて担ぎ込まれて来るが、すでに保健室のベッドや来賓室のソファーは、真っ先に避難してきた元気な近隣者によって占拠されている。彼らはまだ教職員が非常参集してくる前、施設開放の前に、鍵をこじ開けて（あるいは窓ガラスを割って侵入して）自らのスペースを確保していた。

一方で、数日後に少しずつ気づかれ始めることとなるが、学校隣接のマンションの上層階には、停電でエレベーターが止まっていることから何日も地階に降りられない足腰の弱い独り暮らしの高齢者が多々いて、自室では水も食料も底をつき、しかしながらここまで誰にも気づかれることなく自室に佇んでいる。避難所に来て記帳していないので避難者（被災者）とは認識されず（自宅で生活している）、したがって、避難物資配分の対象からも外されている。

数日中に、学校で亡くなる人が出てくる。火葬場ももちろん被災していて機能していないから、被災外・他県に移送するまでは、校内どこかを遺体安置所としなくてはならない。どこに設置するか、だれがこれを担うか。

3.11 東日本大震災のように年度末に発生した大災害では、卒業式と入学式、新年度新学期開始のために、教職員は本務に戻らなくてはならない。その前に、一人の人間として自身およびその家族・親族の安否、生活の確保、そして自身の受け持ちの児童・生徒の安否確認に就きたいところであるが、実際は、断水で詰まったトイレ掃除や各教室の避難者同士のトラブル解決を求められる（学校での出来

事だから先生方が処理しろと迫る避難者たち）。教職員の疲労・ストレスは、数日のうちに限界に達している。

　数週間ほどして、学校避難所にも避難者の自治システムが創設されてくるが、そうしたシステム維持に貢献してくれるような人々から、生活再建諸条件を確保して順次、退去し出す。残されていく者には、誰かが、それはおそらく教職員が手当をしなくてはならないようだ。

　このような過去の被災対応実例をひもとき、避難所開設・運営の諸問題をところどころに措定して、それを自らの学校避難所の開設・運営マニュアルに当てはめたところで、一つの幕・場としてのシナリオを描いてみることで、そこに登場する人々のありかた、立ち回りかたを考えていく必要がある。まずはHUGで、規定に基づいたひと通りの避難所の開設の段取りを押さえたところで、次には、被災現場で実際に発生した様々な事象をそこに織り込んで、シナリオを描いて見る必要がある。自分たちの避難所では、こうしたことが起こり、こうして対処することになるというシミュレーション。

　このように被災対応シナリオを描いてみると、そこで設定される幕・場（出来事）の多様さ、登場人物の多様さ、その行為の多様さ、そしてシナリオ展開の多様さが、ビビッドに理解されることとなる。本書にご報告いただいている諸事例の中から、そうした具体例に相当する事実が、実に様々に読みとれることだろう。

　これまで地域の防災を考えるとき、それは、防災諸規定に基づいて、(1) 書類上の整備を行い、これを (2) ハードの設備として整え、(3) ソフトとして訓練で作動させておけばよかったのかもしれない。先のバールの例で言えば、(1) 町内会・自治会名簿をもとに自主防災組織を書類上整備して、(2) 防災倉庫にヘルメットや可搬消防ポンプやバールを収めて、(3) 年に一回の防災訓練で初期消火や炊き出しを実演する、という流れ。しかしながら、実際の被災状況を想定して被災対応シナリオを描いてみると、そこでは、(a) どのような事情・状況において、(b) 具体的には誰が、(c) それをどうやって遂行するのか、を具体的に把握する必要が出てくる。訓練時にバールを使っているのは、訓練に参加している町内会役員層（主に高齢者層）で、若年層は仕事の多忙を理由にそこにはいない。そもそも訓練メニューでは、家屋に閉じこめられている高齢者を救出することになっていたのであるが、その訓練でバールを手にしているのはその高齢者自身である、ということにはなっていないであろうか。

　一方で、先例を参照して、自らの被災状況、対応状況を具体的に想定してみることで、シナリオ上、思いがけない参画者を得ることもある。ある地区では、地元の中学生が独居老人宅を見回ることとなった。まだまだ子どもと思っていては、

保護する対象としてしか想起されない。しかしながら実際は、機敏に認知行動をとれる防災主体でもある。中高生を地区見回りの一主体と位置づける動きは全国的に見られる。総合的な学習の一環ともなっている。

一義的な防災規定に基づく建前としての体制整備ではなく、自らの足許の事情に基づいた被災・対応シナリオを奔放に描いてみるところから、実働可能な防災体制が創成されてくることとなる。新たなステークホルダーが多様に認識されてくることとなる（マルチステークホルダー参画の被災対応シナリオ）。

地区との連携〜地区防災計画

こうした視角で、学校と地域の連携の枠組みが検討されて行くといいのではないか。東日本大震災が発生して、2013年夏に災害対策基本法が改正されて、その第42条に「地区防災計画制度」が位置づけられた。東日本大震災では公助の限界が露呈して、それに代わって近隣の共助による防災活動の重要性が認識された。そこで近隣の住民や事業者の共助による防災活動に関する「地区防災計画制度」が法律に位置付けられることとなった。「地区防災計画制度」は、市町村内の一定の地区の居住者及び事業者（地区居住者等）が、地区の事情・特性に応じた計画を独自に作成して、その計画に基づく防災活動を実践し、これを継続していくことによって地域防災力を向上させることを目的としている。このような防災活動が、コミュニティの活性化やまちづくりにもつながっていくといわれている（西澤・筒井, 2014）。

これまでは、県や市町村が策定する地域防災計画の枠組みの中において、そこに生活・居住する者は、そこに動員される防災メンバーとして位置づけられていたものであるが、この2016年改正「地区防災計画」においては、住民自らが防災計画策定の主体として認知されることとなった。自らの生活圏でリスクを認識した面々が集いグループを形成して、そのメンバーが活動するエリアが「地区」として措定される。そして、その地区のリスクに対峙する体制を構想して、これを市町村の地域防災計画に提案できる（計画提案制度）、というもの。

法改正からこの2、3年で、実に多様な地区防災計画が生まれて来ている。これまでは市町村において、県から与えられる被害想定に基づいて地域防災計画が策定されていたが、個々のエリアの生活者にとっては、場合によってはそれは、的はずれと思われるものもあった。例えばある河川の下流のエリアでは、津波遡上への対応としては、河川対岸のエリアと協働したいところであるが、その河川が県境となっているため、対岸のエリアでは別県システムで対応することとなっていた。河川両岸のエリアが一つの津波防災地区を創設して、県境を越えて協働

することとなった。これまで一つの災害に両県二つの被害想定があって、眼前のエリアが二つの異なる被災対応をとることとなっていた。そのプランを照らし合わせて良いとこ取りをすることとして、両エリアが一地区として法制度上、認知されていくこととなった。地区住民の創意が県（地域）を超えた。

　さて、このように防災をめぐる現実的な展開を眺めていくと、学校、ＰＴＡ、地区の連携のあり方についても、多様なイメージが湧いてくるのではないだろうか。

　宮城県石巻市のある小学校区では、校区内で活動を展開するサッカー少年団が、地震津波発生時には、グランドに隣接する東松島市の避難施設に駆け込むことを構想して、市域を越えた協定策定を進めていて、サッカー公式戦の最中に、試合を一時中断して全チームメンバー、全観戦者を巻き込んで、市域を越えた避難訓練を実施してみている。実際に被災して多くの尊い命を失った現場だからこそ構想しえる実践的な地区防災訓練である。市域の存在や、地域防災計画の枠組みに拘泥していたのでは、サッカー場に集う子ども達の命は守れないとの認識が、こうした地区避難体制の構想を導いた。

　ＰＴＡを核に、多様な主体を巻き込んで、奔放に地区防災を考えてみよう。

参考文献

西澤雅道・筒井智士,2014,『地区防災計画制度入門』NTT出版
矢守克也,2005,『＜生活防災＞のすすめ－防災心理学研究ノート』ナカニシヤ出版
「避難所HUG（静岡県）」
　https://www.pref.shizuoka.jp/bousai/seibu/hug/01hug-nani/01hug-nani.html
「「試合中に大地震」想定し訓練―自主防とスポ少連携―」
　http://www.bousai.go.jp/kyoiku/chikubousai/pdf/20160312forum/panel_discussion1/sankoshiryo11-01.pdf

目　次

はじめに ……………………………………………………………………… 3

自然災害から学んでおくべきこと・防災の取り組み
PTA・学校・地区の連携を進めるために
専修大学人間科学部教授　大矢根淳 …………………………………… 4

第1章　災害からの学びと教訓

01 自分の命を守れる人になる、大切な人の命を守れる大人になる
NPO法人さくらネット　河田のどか ………………………………… 16

02 東日本大震災から5年、これからのこどもたち
岩手県PTA連合会　会長　五十嵐のぶ代 …………………………… 21

03 後世に伝えたい東日本大震災の現場の状況と教訓
岩手県大船渡市立綾里中学校PTA　会長　村上卓志 ……………… 27

04 自分、家庭、地域へと波及する「防災リーダー『未来の防災戦士』」
育成へ　宮城県気仙沼市立階上中学校父母教師会　村上憲一 ……… 34

05 学校を地域のコミュニティの拠点に
宮城県PTA連合会　副会長　杉山昌行 ……………………………… 40

06 東日本大震災からの学び・島の学校としての取組
宮城県塩竈市立浦戸小中学校　校長　斎藤博厚 …………………… 47

07 ふれあい交流発表会
宮城県仙台市立中野中学校PTA　会長　五十嵐智浩 ……………… 52

08 子どもたちの心を育む防災体験プログラム
〜阪神・淡路大震災の教訓をいわきの子どもたちが引き継ぐ〜
福島県いわき市立中央台南小学校　教諭　佐藤登 ………………… 58

09 関東・東北豪雨を経験して
茨城県常総市立鬼怒中学校PTA　大塚芳克 ………………………… 64

10 紀伊半島大水害（平成23年台風12号）
　和歌山県PTA連合会　山崎和典　……………… 69

11 「自然災害から子どもの命を守る取組」
　神戸市立長田中学校PTA　山口雅之　……………… 73

12 PTA防災プロジェクトチームの「委員会」の立上げ
　広島市PTA協議会　……………… 78

13 自然災害の体験談、そこからの学びと未来への教訓
　〜熊本地震に学ぶ〜
　熊本県PTA連合会　前事務局長　叶貞夫　……………… 82

14 熊本地震を経験して
　熊本県PTA連合会　事務局長　松田正二郎　……………… 89

15 熊本地震を通して学んだこと
　一般財団法人熊本県PTA教育振興財団　理事長　曽我邦彦　……………… 95

16 PTAと行政、地域・学校間の取組
　〜桜島に生きる、4つの小学校の取組実践〜
　鹿児島県鹿児島市立桜洲小学校　校長　郡山裕子　……………… 101

第2章　先進的な防災取組事例

01 「東日本大震災から学ぶ〜海辺に生きる街の防災教育〜」
　幼小中・家庭・地域の三者が一体となって地震・津波から命を守るための避難訓練　北海道別海町立野付中学校PTA　三宮貴史　……………… 108

02 地域で高める防災意識
　〜学校・家庭・地域が連携した親子防災キャンプ〜
　北海道帯広市立北栄小学校PTA　西田健一　……………… 115

03 「生きぬく力」を育む防災教育
　岩手県釜石市立大平中学校PTA　……………… 120

04 PTA災害からの学びと教訓・防災事例
　〜3・11の経験から学んだこと〜
　宮城県石巻市立東浜小学校父母教師会　佐々木千早　……………… 125

05	保護者・地域と連携した防災学習の取組
	宮城県気仙沼市立鹿折中学校父母教師会　阿部行広 ……………… 130
06	万が一に備えて〜家庭・学校・地域とともに〜
	福島県いわき市立菊田小学校PTA　森久長 ……………… 135
07	防災訓練の要素を取り入れたPTA活動
	東京都荒川区立原中学校PTA ……………… 142
08	親子で防災意識を高めよう〜子どもの命を守る〜
	静岡県熱海市立多賀小学校PTA ……………… 145
09	大船渡小学校訪問から学ぶ防災意識を高めるPTA活動の取組
	静岡県浜松市立積志小学校PTA ……………… 157
10	学校と家庭・地域をつなぐPTA活動
	〜PTA・学校・家庭・地域が連携して取り組む防災教育〜
	愛知県田原市立泉小学校PTA ……………… 163
11	「自分の命は自分で守る　自分たちの命は自分たちでつなぐ」
	〜PTA、地域、学校の協働〜
	愛知県西尾市立白浜小学校PTA ……………… 168
12	地域を知る取組　防災安全マップ作り
	愛知県北名古屋市立師勝北小学校PTA　齋藤道代 ……………… 173
13	「地域と協力して子どもを育てる〜生きるための防災訓練」
	岐阜県岐阜市立鶉小学校PTA　副会長　久家健一 ……………… 178
14	「学校に泊まろう〜いざという時のための避難体験〜」
	岐阜県高山市立西小学校PTA ……………… 183
15	PTAと地域が連携した「自分の命は自分で守る力」の育成
	岐阜県下呂市立菅田小学校PTA　熊原幹人 ……………… 188
16	中学生から始まる、津波から地域住民の命を守る防災活動
	石川県能登町立小木中学校PTA　四十住基子 ……………… 193
17	忘れない　あの日のことを〜阪神・淡路大震災〜
	兵庫県芦屋市立精道小学校PTA　谷川久吉 ……………… 201

18	萩市豪雨災害を経験して
	山口県萩市立育英小学校育友会　平野正和 ……………… 206

19	被災した地域・学校との絆を深める支援活動
	山口県萩市立椿西小学校 PTA　澄川昌男 ……………… 213

20	学校・地域と共に取り組む PTA の防災活動
	高知県香南市立夜須小学校 PTA　門脇正 ……………… 218

21	実践活動を取り入れた避難講座
	～学校に避難者が殺到！その時あなたができること～
	元福岡県 PTA 連合会会長　西村澄子 ……………… 222

22	小中連携による防災の意識の向上
	北九州市立志徳中学校父母教師会・志井小学校父母教師会・
	企救丘小学校 PTA ……………… 227

23	横代校区防災訓練
	北九州市立横代中学校 PTA、横代小学校 PTA ……………… 234

24	自然災害からの学びと教訓・防災への取組
	福岡県八女市立上陽北汭学園 PTA　会長　末廣修一 ……………… 239

第1章

災害からの学びと教訓

第1章 災害からの学びと教訓

01 自分の命を守れる人になる、大切な人の命を守れる大人になる

NPO法人さくらネット　河田のどか

> **NPO**　さくらネットは、防災・減災教育、災害にも強い福祉コミュニティづくり、協働による市民社会づくりに取り組むNPO法人である。1．防災・減災教育、2．災害時要援護者支援、3．被災地・復興支援活動、以上の3点を柱に活動をしている。

1　阪神・淡路大震災〜小学1年生の記憶〜

（1）揺れの瞬間の記憶と両親がくれた安心感

　平成7年1月17日。阪神・淡路大震災が発生したあの日、私は小学1年生でした。神戸市須磨区の公団住宅の1階に、両親と3歳上の小学4年生の兄と住んでいました。地震が発生した午前5時46分より少し前に目が覚め、仕事に出かけようと立ち上がった父をぽんやり眺めていました。すると、「ゴーーー」と地鳴りが遠くから近づいて来ました。「え？」と思った瞬間、「ドンッ！！！」という大きな音と共に上下左右に激しく揺れました。目に飛び込んでくるすべての景色が、スローモーションに見えました。「ガシャーンッ」と言う音が聞こえ、台所に目をやると、食器棚から食器が飛び出して次々と床に落ち割れていました。

　唖然とする私に、「地震や！布団にもぐれ！」と父が大声で叫びました。その声に驚き、とにかく言われたとおりに布団にくるまり、じっとしていました。この時は「ジェットコースターに乗っているみたい」と呑気なことを考えていました。最初の揺れが収まり、父から洗面所に移動するように指示がありました。洗面所は壁に囲まれていて、落ちたり倒れたりして危険な物が少ないため、家の中の"避難場所"として選んだのです。電気・水道・ガス・電話すべてが止まり、暗闇の中、地震が続きます。いつもと違う状況に不安と恐怖でいっぱいになり、身体がガタガタ震えていました。「怖い」と泣き出す私の背中

写真提供：神戸市

を、母は「大丈夫よ」と声をかけながら、ずっと擦り続けてくれました。父の的確な指示と母の声と手の温もりは、私に安心感を与えてくれました。

(2) 受け止められなかった現実

　自宅や自宅周辺に大きな被害はなかったため、私たち家族が被害の大きさを知ったのは、電気が復旧した17日のお昼前でした。電気がついて部屋が明るくなりホッとした直後、テレビに映し出されたのは、"どんな地震が起きても壊れない"と言われていた阪神高速道路が横倒しになっている映像でした。次に、長田区の火災の様子が映し出されました。長田区は、父方の祖父母と叔母が暮らしていました。古い木造の1階建の家は、高速道路が倒れるほどの地震に耐えられるとは思えませんでした。当時、携帯電話はほとんど普及しておらず、安否確認のため家族で車に飛び乗って祖父母の家へ向かいました。

　私の家は両親が共働きで、よく祖父母の家に遊びに行っていました。見慣れた、通いなれたはずの道でした。倒れかかったビル、でこぼこの道路、潰れた家、遠くに見える黒い煙。たくさんの人や車が行き交い、サイレンの音や人の叫び声が聞こえていました。その時の景色の記憶はありますが、感情の記憶はありません。目の前で起きている出来事を受け止めるには、幼すぎたのだと思います。ただその様子をぼんやりと車の窓から眺めていました。大好きな神戸の街は、知らない街になっていました。

　祖父母の家に行く時、いつも車を止める場所がありました。しかし地震の日は、父は少し離れた場所に車を停めました。「ちょっと見てくるから」と1人で車を降りて行きました。街の惨状から祖父母の死を覚悟したらしく、幼い私たちに見せてはいけないと思ったそうです。家は大きな被害を受けましたが、祖父母も叔母も大きなケガもなく無事でした。車に戻ってきた父が「大丈夫やから降りておいで」と言ってくれた時、とても安心した記憶があります。祖父母の家から徒歩3分程度の中学校の避難所に、毛布や水などを抱え、みんなで避難しました。

写真提供：神戸市

(3) "いつも（日常）"が"もしも（災害時）"の力になる

　祖父母と叔母の震災体験から、命を守り抜く備えと対応につながる事例が3つあります。1つ目は、水の汲み置きです。祖母は戦争を体験した知恵から、水は

必ず役に立つからと毎日汲み置きをしていました。水道が止まっていたため、重宝されました。避難所に避難した際、近所の方が「水を分けてほしい」と声をかけてこられました。持病があるため、薬を飲む水が必要だったのです。水は飲み水としてはもちろん、薬の服用が必要な方には命にかかわるものだと知りました。２つ目は、落下物から頭を守ることです。地震後に家の外に出る際、そのまま出ようとする祖父に、叔母は頭に何か被るよう指示をしたそうです。余震が続く中、屋根から瓦などが落ちてきていました。地震時だけでなく、避難の際に身の安全を守ることも大切です。３つ目は、近所付き合いです。祖父母の暮らす地域はお祭りなどの行事があり、隣近所とのつながりが深い地域でした。地震後、安否確認のため自治会長や地域の方が駆けつけてくださいました。声を掛け合うことが、安心感につながりました。

２　災害の事実と向き合い、未来の防災につなげる

（１）心に閉じ込めた震災への思い

　震災から１年後、小学２年生の冬休みの宿題で、祖父母の家の跡地に行ったことを作文に書きました。その作文を母に見せると、「どうして楽しいことを書かないの？」と言われました。悲しそうな母を見て、震災のことを口にすることを止めました。振り返ると、子どもなりに両親や祖父母の大変さは理解していたと思います。震災後のトラウマ反応で、家に１人でいるのが怖いことも、怖い夢を見て眠れないことも言えませんでした。「心配をかけてはいけない」という気持ちがあったのだと思います。しかし、心のどこかにずっと震災がありました。気にしないようにしていました。

（２）震災と向き合うきっかけ

　平成14年４月、全国ではじめて防災を専門的に学べる"環境防災科"が兵庫県立舞子高等学校に設置されました。私は２期生として進学しました。震災で祖母を亡くした１期生の先輩の新聞記事を読んだことがきっかけでした。大きな被災をされた方が震災と向き合っていることを知り、私も阪神・淡路大震災と向き合いたいと考えたのです。環境防災科は３分の１が防災の専門科目で、外部講師から震災や防災のお話を聞く機会が多くあります。災害と向き合うことは、人と向き合うことだと知りました。被害の概要や数字だけでは、わからないことばかりでした。生きたかった人がいること、その人たちを助けるために一生懸命頑張った人がいること、当時も今も亡くなった人を大切に思う人たちがいることを忘れ

てはいけないと心に刻みました。

（3）防災教育で守れる命を増やす

　環境防災科の授業をきっかけに、私は防災教育を仕事にする道を選びました。阪神・淡路大震災では6434名の方が亡くなりました。そのうち約4000人の方の死因は圧死・窒息死で、地震発生から15分以内に命を落としたというデータがあります。震災前、市民の多くは「神戸は地震がない」と思っていたそうです。不確かな安心感が拡がっていました。多くの人が地震の知識を持たず、防災に取り組んでいませんでした。もし、地震の知識があれば、家の耐震や家具の固定などの防災に取り組んでいれば、約4000人の方は助かっていたかもしれません。「知らないことが原因で多くの命が奪われた」のです。その時、阪神・淡路大震災で、保育園の先生が亡くなったことを思い出しました。タンスの下敷きになり、即死だったそうです。先生は、防災に取り組んでいれば、助かった命だったかもしれません。初めて、震災に対して「悔しい」という感情が生まれました。「知らないことが原因で多くの命が奪われた」事実は、「備えていれば守れる命がある」ことを教えてくれました。防災教育を通して守れる命を増やすことが、私の夢になり未来への希望となりました。

3　自分の命を守れる人になる、大切な人の命を守れる大人になる

（1）知ることから始める

　震災前の避難訓練は、火災を想定したものが中心でした。火災時の対応は知っていましたが、地震が起きた場合の対応は知りませんでした。「地震」がどういう災害かさえわからなかったのです。そのことが、より恐怖心を強くしたように感じます。

　平成24年12月、東日本大震災で大津波の被害を受けた岩手県陸前高田市の沿岸にいる時、最大震度5弱の余震が起こりました。阪神・淡路大震災以来、久しぶりに体験する大きな地震でした。津波注意報のサイレンにとても動揺し、パニックになりました。ただ、被災地支援の関係で何度も岩手県を訪れていた私は、陸前高田市の避難場所や避難経路を知っていました。津波の際は、素早く高台に避難することを理解していました。津波災害と対応の知識

防災教育の様子

を持っていたことで、避難することができました。知ることの大切さを実感すると共に、自分の住んでいる地域以外で起こる災害についても、知っておくことの重要性を再確認しました。地域、歴史、災害、防災について知ることは、命を守る力になることはもちろん、心を落ち着かせる安心材料にもなります。

（2）"もしも"…と考える、を当たり前にする

　災害や防災を考える時、必ず危険・安全を一緒に考えることを大切にしています。「もしも…」と考え、想像することが大切です。「もしも自分だったら」「家族だったら」と想像します。災害が起きた時にどう行動するか、どのようなことが起こり得るか、課題は何か、解決策は何か、どう動くかを想像するのです。災害時の対応に「絶対」と言える「正解」はありません。災害の種類、発災時間や災害時の天気、季節などにより、同じ場所でも被害は異なるからです。常に3つぐらいの被害想定や対処の選択肢をイメージしてみることが柔軟に動く力になります。

（3）行動する、一歩踏み出してみる

　知ること、考えること、行動することをセットにすることで防災力は高まります。家で家具の転倒がおこりそうならば、家具の固定、移動などの工夫で被害を減らせます。家族がバラバラの時に発災したらどうなるか、どうするのかを話しあい、連絡方法と場所を決めましょう。小さな行動の積み重ねにより、知識や知恵は命を守る力になり活かされるのです。

　いつか子どもたちは、旅行や進学、就職などで地元から離れます。保護者や学校は子どものそばで命を守り続けることはできないのです。防災教育に取り組んでいても取り組んでいなくても、災害はやってきます。もしもの時、自分の命を守れるように、大切な人を守れるように、今、子どもたちと共に、防災を始めていただけましたら幸いです。

防災教育の様子

02 東日本大震災から5年、これからのこどもたち

岩手県PTA連合会　会長　五十嵐のぶ代

> **PTA**　岩手県PTA連合会の会員数は約87,000人、小中合わせて約500程の単位PTAで構成されている。
> 　本連合会では、公益社団法人　日本PTA全国協議会の『広報紙コンクール』・『三行詩コンクール』に対する取り組みの他、単位PTA会長の組織運営の資質向上を目的に『リーダー研修会』を年に1回、更に家庭教育の拡充を図るために県内各地区ブロックのPTA会員を対象とした『家庭教育セミナー』も年に2回開催している。また、東日本大震災以降全国各PTAから寄せられた義援金を原資に『希望支援金』として年に1回、3万円を上限に単位PTAの取り組みに対する支援を行っている。
> 　それ以外に、自社事業である『共済事業』の取り組みも、本連合会の大きな特色の一つと言える。

東日本大震災から5年が経過した今（平成28年現在）、PTAとしてできること、見つめなおすことは何か、考えてみました。

1　3.11

■天変地異

平成23年3月11日、14:46、職場全員の携帯やスマホの緊急速報のブザーが鳴りだしました。直後、歩けないほどのひどい揺れが続き、ガシャーンという音とともに社屋の防火壁が下りました。激しい揺れが続く中、ようやく外に出ると、ひび割れたアスファルトが擦れあって、駐車している車も揺れ、街の遠くのほうから爆発音も聞こえました。

私の暮らしている岩手県盛岡市は、沿岸から100km離れた内陸の県央に位置します。暮らしている地域には津波の心配はありません。しかし、その時何度も頭をよぎったのは、
「この家まで津波が来たら、天変地異だ。そのときは日本は沈没だ！はっはっは！」
という父親の口癖でした。
　私の故郷は岩手県山田町です。小中学校の避難訓練と言えば、必ず地震と津波を想定しての訓練でした。地震が来れば津波、それは海辺で暮らしている人々には古くから根付いています。しかし、今回は経験したことのないほどの揺れでした。父は、母は、街の人々はきちんと避難したのだろうか…。そんな心配が頭を巡ります。
　その夜は3月だというのに特に冷え込み、雪が降ってきました。津波の被害のない盛岡でさえも自宅での生活が不可能となり、避難所に難を逃れた人々もたくさんいました。

■安否確認

　私の暮らす内陸も街中の電力が落ち、電気、ガス、水道といったライフラインがストップし、それまで当たり前のように便利に使っていた電化製品が何一つ機能しなくなりました。更に交通機関の地震による相次ぐ損傷で、ガソリンが届かず、車の燃料も底を尽きました。それでも一刻も早く家族の行方が知りたい…！沿岸地域の状況が一切わからないなか、手回しのソーラーラジオを入手しニュースに聞き入りました。目的はただ一つ、家族の生存確認です。そのような状況でスピーカーから繰り返される内容は「大津波」の未曾有で悲惨な状況を説明するしかない、津波により多くの命が奪われているという壮絶なものでした。
　実は、震災翌日の3月12日には、私の中3の長男の卒業式が予定されていました。岩手県盛岡市立青山小学校に隣接する岩手県盛岡市立厨川中学校です。ところがこの地震で中学校の校舎が崩れ落ちました。屋上にあった厨川中学校のシンボルの大きな時計台は折れ曲がり、校舎のほとんどの窓ガラスが割れてしまいました。また、内壁も余震のたびに崩れ落ちる状態で、とても生徒が入れる状況ではありませんでした。学区の様子もわからない中、今にもバッテリー切れになりそうな私の携帯電話に『卒業式は延期、校舎にお知らせの貼り紙あり』の連絡が入りました。長男に伝えたら、街灯も消え、道路のどこが陥没しているかわからない状態の中、すぐさま地域の同級生に伝えに走りました。
　当時、私は青山小学校のPTA副会長であり、新年度に会長への推薦が決まっ

ていました。翌朝となり、学校の様子も心配になったので見に行ったところ、やはり50世帯ほどが避難していて校長先生はじめ、教職員の先生方は学校に寝ずの番で待機していました。更に翌日、先生方は自分の家庭の安全確保を押してまで、児童の安否確認に一軒一軒回りました。

　それ以降数日たっても被災地の状況が分からなかったのは言うまでもありません。
　遠い故郷の人々はどうなったのだろう？万が一逃げ延びても帰るところはないだろう。

2　生きている

■就任

　被災地にいる家族の様子が一切わからないまま、私は青山小学校のPTA会長に就任しました。

　長男の卒業式は、中学校の校舎に入れないので隣の小学校の体育館を借りて挙行しましたが、現役の中学生は、近隣の小学校の空きスペースを借りて分かれて生活することになりました。当然青山小学校でも、当時の2学年を受け入れることになりました。
　この震災によりPTAとして様々な部分で対応を求められる中、大きな決断をしなければいけないことが多々発生しました。

■家族からのメッセージ

　年度初めの問題は、PTA歓迎会を開催するかどうかでした。100人規模の宴会です。当時の実行委員スタッフから、これまで準備してきたのでやらせてほしいとの申し出がありました。世間中が自粛ムードにある中、開催について思案していた私のところに一通の書留が届きました。書留封筒の中には四辺がボロボロになり、文字が滲んだご祝儀袋が入っていました。生存確認すらできていない曾祖母からの、私の長男への高校入学祝いだったのです。それはまさしく大津波を被ったものであり、曾祖母と義母が

第1章　災害からの学びと教訓

生きている何よりの証でした。曾祖母が郵便物を出す際は、必ず義母にお願いするからです。この瞬間、歓迎会を開催すると決心しました。この書留は、家も流され家財を失った家族からの、これから未来を担っていく子どもたちに対する応援メッセージなのだと感じました。やれるときにできる環境にいる人間が全力を尽くして生活していきなさい！というメッセージに。

後からわかったことですが、曾祖母は地震直後、とっさにご祝儀袋を懐に入れたまま海水にのまれましたが、流木にしがみつき何とか無事だったとのこと。結局、父母、義父母両家とも無事が確認できたのは1か月半ほど後でした。

■PTAとしての改革

それからPTAとして対応していかなければならないことが、たくさん発生しました。

まず問題となったのが、連絡体制です。新しく赴任してきた校長先生と3つの柱で検討しました。

・効率的に最後まで回す
・ライフラインがストップした際の連絡方法
・基準をわかりやすく

そこで改めて見直されたのが、地域が中心の子ども会連絡網でした。更に、電話が使えない状況を想定して、連絡事項を貼り紙で掲示することにしました。どちらも、誰でもわかりやすいように震度の条件を明示し、貼り紙掲示場所をはっきりさせるといった工夫をしました。

しかし、ありがたかったことに、当時PTA会員さんたちからの反対意見は一切なく、むしろ協力的なご意見に支えられてきたと実感します。どの役員さんからも後ろ向きなご意見はなく、こんな（震災）時だからこそ、これまでの業務を継続していく、といった考えを持っていて下さったことが、何よりも子どもたちのためになっていたと思います。

3　横軸連携

■ジレンマ

PTA活動に邁進する中、私の心がどんどんジレンマを感じたのは事実です。両親や家族が大変なことになり、本来であれば自分の

全てを投げ出してでも手伝いに行かなければならない立場なのに、なかなかそうもいきません。仕事、育児、PTA…様々な部分で改善や改革、決断を求められ、時間に追われる毎日、親をすら手伝えない自分はこれでいいのか？と問いかける日々が続きました。

　そんな中、間もなく岩手県校長会の震災の支援活動として、内陸部と沿岸部の横軸連携がスタートしました。これは、PTAと校長会が一緒になって取り組んでいく活動でした。不思議な縁で、青山小学校の相手校が、私の両親が避難所のリーダーを務めていた岩手県山田町立山田南小学校でした。

　横軸連携として、山田南小学校を訪れた際、開口一番に「お父さんお母さんには、とてもお世話になりました」という言葉をかけられました。このとき私は、自分が何かしたいと考えたことがとてもおこがましいということに気づきました。そして、私に出来ることは、被災した両親を手伝うことではない、と気づかされました。

■ **決心**

　次第に自分にできることは何か、横軸連携として両親が過ごした避難所の小学校を訪問し、たくさんの方々と触れ合い、多くのことを考えさせられました。今いる自分の環境、できうること、そして為すべきことを見直しました。すると、「自分の子どもをしっかり育てること」に行きつきました。それは、私の今暮らしている地域の子どもたちをしっかり見守ることにも繋がります。

　今でも黒い波が押し寄せてくるシーンを見ると、言いしれない絶望感に苛まれ、涙が止まらない時があります。また実際に被災体験をした人々に思いを馳せ、亡くなった友や親戚を思い出す時、自分の無力を痛感することもたびたびあります。けれど、だからこそ今の岩手をしっかり見つめ、PTAとして取り

組んでいくことが責務と思います。

　原発事故も含め、あらゆることが根底から覆されたこの東日本大震災から５年が経過しました。今後の社会を担っていくのは、紛れもない私たちの子どもたちです。この子たちが、他者をいたわる思いやりを持った気持ちをもち、社会に寄与する人間になるかどうかは、私たちPTAにかかっていると言っても過言ではありません。
　PTAとして、子どもたちにまっすぐな背中を見せ続けていくことが、私たち大人の使命と考えます。

03 後世に伝えたい東日本大震災の現場の状況と教訓

岩手県大船渡市立綾里中学校PTA　会長　村上卓志

> **PTA**　岩手県大船渡市立綾里中学校PTAは会員69名。親と教職員が一体となって活動する中で「未来を築く、心豊かなたくましい子ども」の育成に向けて、学校教育目標の具現化を側面から支え、共に高まるPTAを目指し活動している。

1　はじめに

　私は、東日本大震災が発生した2011年3月当時、岩手県沿岸南部に位置する大船渡市三陸町綾里地区で自動車整備工場を経営しており事務所2階に妻と小学3年と1年の息子2人の4人で生活していました。この生活場所は海から直線距離で約200m、海抜が5m程の地帯です。

　綾里地区は昔から大きな津波により多くの被害を受けており、私の祖父母も昭和8年の三陸大津波により被災しています。このため綾里地区は昔から地震・津波防災に関しては住民の意識が高く、年2回の防災訓練にも多数の参加者が見うけられます。家庭内では私が消防団に所属しているため、避難経路や避難場所の確認、防災備品・預金通帳・印鑑・重要書類など避難準備品の用意を万一に備

行っていました。小・中学校においては津波の歴史を風化させることのないよう津波学習会を行い、津波体験談を聞かせ、津波・地震を想定した訓練やそれぞれの地区の避難場所の確認をしており、小学校での学習発表会では明治・昭和の大津波を題材とした津波創作劇「暴れ狂った海」を行い地域の方々に披露し、津波の恐ろしさや命の大切さ等を語り継いでいました。

東日本大震災が発生し、津波により私の工場兼自宅は流失し、家屋は300ｍほど流され屋根部分が若干形を残す状態でした。家財道具はすべて流されましたが幸いにも家族・従業員ともに全員無事で避難準備品も持って避難しており、確認できたときは安堵しました。

これより、私が親として消防団員として経験した現場の状況と教訓について述べます。これをお読みいただき、災害が起こってしまったときに被害を最小限に食い止めることができれば幸いに存じます。

2　災害に対する準備

2011年3月9日。大震災の2日前に三陸沖を震源とする地震が発生し大船渡地域では震度4の揺れに襲われ、津波注意報も発令されたため消防団員の私は水門を閉鎖し、消防車で避難広報と避難誘導にあたりました。この日は水曜日で小学生の息子たちは授業中でしたので、「しっかり避難できたかな」と心配していました。午後3時ごろに津波注意報も解除され平常を取り戻し、夕方から野球スポーツ少年団の指導を行い、練習終了後に団員と親御さんを含め地震・津波が発生した場合の行動と避難経路の確認をしました。このときの行動確認は地震がグラウンドでの練習中発生した場合と体育館で発生した場合の両方を想定し、地震や災害の規模の状況に応じて市の指定する避難場所に野球指導者か監視当番は責任をもって避難誘導することとし、毎月のスケジュール表にも避難方法の一文を付け加えることにしました。

この日の夕食を済ませ、入浴の時間になると息子たちから「パパさん、一緒にお風呂に入ろう。」と誘われ少々驚きました。日頃から口うるさい私と一緒にお風呂に入ることを拒んでいたので理由を聞くと入浴中に地震が起こると怖いからと言うことでした。お風呂の中では登下校中に津波注意報・警報が発令された場合の避難場所について息子たちと確認を取り合いました。避難するときに友達と一緒であれば友達も誘導してあげることと、避難場所へは私か妻が必ず迎えに行くからと言い聞かせました。

前述したように、スポーツ少年団でも家庭でも日頃からこのような避難方法等

の確認作業を行っていれば命を奪われるような最悪の事態にはならないと思います。各組織においての避難ルールが確立されていれば安心にもつながり、しっかりとした行動をとれると確信しております。いつ起こるかわからない災害です。私たち大人が意識を常に高く持ち、子どもたちに伝えてあげることが大変大事な事のように感じます。

　いつ起こるかわからない災害とはいえ、2日後にあのような大惨事になるとは、この時点で知る由もありませんでした。

3　大災害を目の当たりにして

　2011年3月11日。この日は曇り空で、この時期としては肌寒かったように記憶しています。いつものように朝は息子たちを学校に送り出し私も工場へ、いつもと変わらない1日の始まりでした。

　そしてそのときが来ます。午後2時46分。小刻みな揺れを感じ次第に大きい揺れに。私は車両の整備中でリフ

トアップしている車両を落ちないように押さえておりましたが、ものすごい揺れのため従業員に工場と事務所から外に出るよう促し、自らも外に避難しました。工場を見ると重量鉄骨造りの頑丈な建物が歪むように揺れています。時間にして1分ぐらい経過しても揺れが収まらず、「この地震は尋常ではない津波が来るな」と咄嗟に思い、従業員に対して「津波の可能性があるので防潮堤の水門を閉めに行ってくる。皆も避難の準備をするように」と伝え、揺れが続いている状態の中、消防団の屯所に向かいました。屯所に着くなり水門扉の鍵を用意し集合した数名の消防団員と消防車で出動しようとしたとき、大船渡消防署三陸分署綾里分遣所の署員より「大津波警報発令です。全水門閉鎖してください。住民に対し避難指示の広報もお願いします。」との指示を受け、出動し私たちが担当している水門4ケ所を閉鎖、住民に対して高台に避難するよう避難指示の呼びかけを消防車で行いました。

　ここで伝えておきたいことが、各自治体から出される避難の呼びかけで「避難

準備情報」「避難勧告」「避難指示」の違いです。大まかに説明すると、後ろに行くほど重要度が高くなります。台風などによる風雨・土砂災害・河川の氾濫等は急に降水量や水位が一気に上昇することがあるので、「避難準備情報」が発令された時点での避難を勧めます。津波の場合は各自治体で作成している津波防災マップ等の海抜の低い津波の到達予想区域を確認して、注意報・警報が発令された時点で避難してください。自分の住んでいる地域は安全と思われている方々も、出張中や旅先で災害に巻き込まれる可能性があります。出発前に災害が起きた場合を想定し、どのような行動をとったら良いのか考えるだけでも自分自身の防災につながると思います。

　大震災当日の話に戻ります。消防車での避難広報を終え、綾里漁港を下に見下ろせる海抜14m程にある津波監視待機所で海の潮位変化を監視していたところ、午後3時10分頃より引き潮が始まり2m程下がったところから潮位が徐々に上がり始めました。潮位が通常より6m程上がった午後3時15分頃ものすごい津波が押し寄せ、港・岩崎地区の家々をなぎ倒し始めました。家が流されたという表現を使わずになぎ倒すという表現を使ったのは、一瞬にして家が倒され木端微塵になったのを目撃したからです。この時、私の自宅と工場も完全に流失してしまうだろうと一瞬にして思いました。津波は黒い海水の濁流というか激流。津波監視待機所にも津波があと数メートルと迫ってきたため、消防車に乗り込み更に高台へと我々も避難しました。ここで危険と感じたのが、いくら高台に避難しているとはいえ津波により倒された電柱が電線を引っ張り高台にある電柱も倒される危険性です。幸い落下物等によるけが人はいませんでした。

　この時の綾里小の児童は大津波警報発令後、ただちに高台へ、避難訓練通りに無事に全員避難を完了。綾里小の避難ルールとして高学年から避難を開始しております。低学年からだと避難の際のスピードが高学年に比べ遅いため、前がつまりスムーズに進めないとの理由です（現在の綾里小は改善をくわえ、避難準備ができたクラスから避難しています）。綾里中の生徒は、1・2年生は授業中のため学校待機、3年生は数名下校中でしたが自宅または中学校へ避難しており全員無事でした。

　夕刻となり、津波も沈静化してきたころには地域住民の約3分の1が綾里中学校体育館を中心とした各避難所に避難し、地元消防団では災害対策本部で行方不明者名簿の作成を行っていました。前述しましたが綾里小・中の子どもたちは全員無事の確認はとれておりましたが、ラジオより「大船渡市立綾里中学校の生徒十数名が下校中に津波で流された。」との情報がながれ、これは誤報と放送局に訂正を要請しました。しかし、深夜に綾里地域外で働いていた男性保護者の方が

災害対策本部を訪れ、妻と小学生の息子の避難場所を教えてほしいとのこと。地区の状況から親子で中学校体育館にいると思われたため「中学校の体育館だと思います。」と答えたが、今さっき中学校の体育館に行ったがいなかったと言われたので教職員の方々に確認を取りました。教職員の方々の話では「第1の避難場所（綾里駅）で児童全員無事を確認、数名の親から子どもを帰してほしいと言われましたが、子どもたちは動揺し余震も続き被災状況や道路状況も把握できていないので、親元へ帰さず安全な場所で待機させていた。その後、消防団の情報等により判断し、住居と帰路の安全が確認できた家庭には子どもたちを帰し、その他の子どもたちと教職員は消防団の誘導により第2の避難場所（B&G財団の体育館）へ避難し、その後に綾里中学校体育館へ移動した」とのこと。「不明の親子についても母親が迎えに来ていたため、避難する住居と帰路の安全を確認できたので息子さんを綾里駅で帰したと思うが、当時は辺りが混乱していてどこに行ったのかよくわからない」と答えておりました。それを聞いた男性保護者は、自宅へと避難する途中で車ごと流されてしまったのではないかと心配していたため、その後、消防団分団長の許可を得て男性保護者と一緒に山手の道路を慎重に安全確認しながら、親子がいる可能性のある親戚や友人の家を回りました。母親の友人宅に親子で避難していることが確認され事なきを得ました。母親に確認したところ、つれて帰る際に先生に避難先は伝えたそうです。

　有事の際、人は冷静さを保っていても心のどこかで動揺しています。教職員の方々を責める気はありません。私自身もそうですが、当時の状況を振り返れば誰もが冷静でいられなかったと思います。今後このような事態を防ぐためと、ご家族や消防・警察に、確実な情報を伝えるために学校側で親に帰した時間や避難先を記入できる避難名簿と、後の災害に役立てるために避難経路・避難場所、避難開始時刻・完了時刻などを記す避難記録簿を作成しておくことを望みます。

　この日の津波により、私の住む綾里地区では、18名の尊い命が犠牲となり3名が行方不明となっており、亡くなった方の8割は逃げ遅れて津波にのまれています。津波に対しての油断が一番の原因と思われます。「ここまでは津波が来ないだろう」「まだ避難しなくても大丈夫だろう」と思っていたのではないでしょうか。消防車で避難指示の広報に回ったのが地震の約10分後。そのときに避難していれば命を落とさずにすんでいます。

4　震災後の生活

　3月12日より約2週間、私は消防団員として行方不明者の捜索に従事しました。

妻と息子たちは津波の心配のない妻の実家に身を寄せていました。その間に地域ではいち早く交通網を整備しようと地元の建設会社や自衛隊の重機を使って道路の瓦礫撤去が始まり、交通網が確立されるとすぐ、誰が先導したかわかりませんが、次は小学校校庭の瓦礫撤去を行おうということになりました。当時の校庭は瓦礫が堆積し、大きなゴミ箱のような状態でした。後から聞きましたが子どもたちに早く校庭で元気に遊んでほしいとの理由で行われ、この瓦礫撤去は地域の総意だったようです。校庭がきれいになったので次は校舎となり、1ｍほど浸水した校舎1階と体育館をPTA会員総出で大清掃を行いました。これなら毎年4月1日に行われる日本一早い伝統の入学式は行えると思いましたが震災の事情ゆえに延期となりました。ただこのとき、地域の方々やPTA会員の皆様が大変な時期にもかかわらず子どもたちを応援してくださっている心に触れ、いたく感動しました。

　震災直後の息子たちの様子は、小3の長男は自宅が流されたショックと地震の恐怖でかなり落ち込んでおりました。小1の次男は停電・断水が続いている経験したことのない生活を楽しんでいたように思います。長男の落ち込みようがかなり気になっていたので、一瞬でも震災のことを忘れてくれればと思い、停電が解消されてすぐに家庭用ゲーム機を購入しました。また、私自身がつらい顔をすると子どもたちの元気もなくなると思い、子どもたちの前では常に明るく振る舞っていましたが、内心、今後の生活や事業のことなど心配事が多くあり、恥ずかしながら、ひとりで泣いた夜がありました。その夜、息子たちの安らかな寝顔を見ながら「パパさんはお前たちのために一生懸命頑張る」と誓ったことを今でも忘れません。

　その後、私たち家族は、応急仮設住宅に入居し生活していました。震災から約3年が過ぎ、長男が中学校に入学して間もないころ、「自分の部屋がほしい。」と真剣な眼差しで私に訴えかけました。手狭になった仮設住宅では無理もないなと思い、また、あまりおねだりをしたことのない子なので本心なのだなと感じたので、「よし、わかった。新しい家を建てる。」と約束し、財政的にはきびしいですが、なんとか頑張ろうと長男のひと言で私は更に奮起させられました。震災後、息子たちから生きる活力をもらっているのは紛れもない事実です。親が子に対して「生まれてきてくれて、ありがとう。」と言う言葉はよく耳にしますが、私は今、大震災を経験し辛い生活に耐えながら順調に成長した息子たちに「生きていてくれて、ありがとう。」と伝えたい。

5　終わりに

　住んでいる地域によって、今後起こり得る災害は大方予想できると思います。山間部は土砂災害や川の氾濫等による水害など、都心部は地震による家屋の倒壊や火災など、沿岸部は津波など各地域で多種にわたる災害が起こることが予想されます。自分のいる場所は大丈夫と思っていても、想定外のことが起こるかもしれません。
　「油断大敵」「油断禁物」です。自分が住んでいる所、自分が勤めている所などに想定できる災害に対応した避難行動・避難経路・避難場所の確認を怠ってはいけません。時により災害は数cmや数秒間で命を分け隔てます。大げさではありません。東日本大震災の教訓です。
　命を亡くすことほど悲しいことはありません。ましてやこれが自分の子どもだった場合のことを考えると言葉も浮かびません。だから災害に対して油断してはいけません。

　私たち東日本大震災の被災者は、日本中、世界中の人たちから助けられました。本当に感謝しております。ありがとうございました。また同じ被災者や地域の方々、復興に協力してくださる皆様と励まし合い助け合って今日まで来ることができました。
　最後に、人として大切なこと。私は祖父母から「人に良いことをしていれば、必ず自分に良いことが返ってくる。」と常々言われていました。幼少期よりその教えを守り、相手を気遣い、敬っていたと思います。震災直後、私の身近にいる人たちから心身共に辛いとき、物心両面で助けられ、心と体を救われました。
　人に良くすること。これは「心の防災」と言えるのではないでしょうか。

第 2 章 先進的な防災取組事例　地震

04 自分、家庭、地域へと波及する「防災リーダー『未来の防災戦士』」育成へ

宮城県気仙沼市立階上中学校父母教師会　村上憲一

> **PTA**　宮城県気仙沼市立階上中学校父母教師会は会員126名。組織は会長を中心に本部役員、学年部、専門部（厚生部・愛育部・広報部）、地区連絡委員で構成されている。本校教育活動の目玉でもある「防災学習」をはじめ、様々な活動に生徒とPTA、地域が一体となった取り組みを行っている。また、子どもたちの教育環境整備に向けても力を入れて活動している。

1　はじめに

階上中学校では、平成16年度まで総合的な学習の時間を使って、「地域学習：ボランティア活動〜まとめ〜発表」を行ってきました。その当時日本では、平成15年5月に、宮城県沖を震源とするM7.0の地震が発生しました。また、世界に目を向けると、翌平成16年にスマトラ島沖を震源とした、インドネシア大地震が発生しており、現

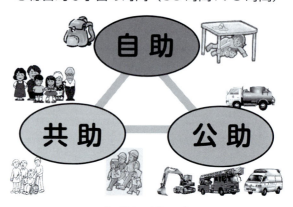

◎総合的な学習の時間（35時間/70時間）

【震災前の防災学習】

地は揺れと大津波により甚大な被害を受けていました。これらを受けて、気象庁から近い将来において、高確率で宮城県沖地震が発生する可能性が打ち出されました。本地区を含む三陸沿岸は、これまでも数十年おきに、大きな地震や津波の被害を受けていることも踏まえ、気仙沼市危機管理課からの支援のもと、平成17年度から「総合的な学習の時間」の35時間を使い防災学習を開始しました。

本校の防災学習は、自然の領域である「災害」について学ぶとともに、自分の将来や地域・社会との「関わり」「つながり」を通して、災害に備え、発生時・

後に対応できる力を養うことを目標としています。また、「自助」「共助」「公助」の3つのテーマを1年ごとに学び、3年間の学習を見通したサイクルが大きな特徴です。その際には、気仙沼消防署や気仙沼市危機管理課、消防団や婦人防火クラブといった地元の関係機関が集まって防災推進会議を行うなど、たくさんの協力をいただき学校と地域のつながりを強く意識した取り組みを行ってきました。

この学習活動では、災害発生時および発生後に、自分の身を守るために自分でできることや、地域の一員として地域住民と協力してできることは何か、中学生の視点から考え、防災意識を家庭から地域へと波及できる防災リーダー『未来の防災戦士』を育成することをねらいとしています。そのために以下の3点を重視して学習を行っています。

① 災害発生のメカニズムや、災害発生前・中・後に必要な知識や理解を深める。
② 災害発生時に必要な判断力や、発生後に対応できる技能を身に付ける。
③ 災害発生時および発生後に大切な相互扶助の精神を養う。

こうした取り組みを行っていたにもかかわらず、平成23年3月11日に、当地方は未曾有の大津波に襲われ、大きな被害を受けました。

そこで、防災学習の見直しを図り、「自助」を基盤とし"知る""備える""行動する"を中核に据えた防災学習を行うとともに、地域との連携をさらに強化する必要があると考え、平成24年に当時の校長と自治会長との話し合いから、地域防災の強化を目的として「階上地区防災教育推進委員会」が設立されました。

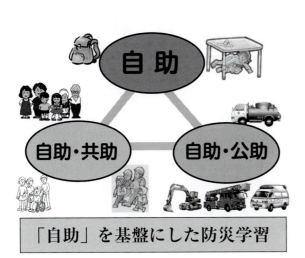

【震災後の防災学習】

2 地域連携活動の実践

(1) 階上地区防災教育推進委員会について

階上地区防災教育推進委員会は「地震・津波災害による生命・財産の被害を最小限にとどめる」「地区住民が安全かつ安心に暮らせるために、防災・避難対策

等を実践する」ことで、地域住民への防災意識の高揚を図ることを目的としています。

委員会の活動内容としては、
① 階上地区住民の防災意識の高揚・減災対策の推進
② 階上地区の危険箇所の調査・把握
③ 災害発生時における自助・共助の体制づくり
④ 階上小・中学校が実施する防災教育への支援・協力
⑤ 階上小・中学校児童・生徒に対する防災教育内容の検討
⑥ その他、地震・津波防災対策の推進に関すること

としています。

また、階上地区防災教育推進委員会は、階上中学校区にあるすべての自治会で避難訓練等を実施するなど、将来に向けて継続的に学校と地区とのパイプ役を担っています。

組織としては、階上地区内の各自治会、保育所、小中学校PTA、気仙沼市危機管理課、駐在所や公民館等の公的機関や、JA（農業協同組合）や、JF（漁業協同組合）、NPO法人などの諸団体の代表者が加わり、現在40名以上で構成されています。主な活動としては、年3回の会議を開き、地域防災についての話し合いを行っています。11月上旬に実施される気仙沼市総合防災訓練における各地区内の取り組みについて、計画を立案し、確認を行ったうえで実施しています。

階上地区防災教育推進委員会の様子

　　第1回会議（6月頃）　　昨年度の引き継ぎ、今年度の方向性について
　　第2回会議（9月頃）　　地区毎に行う防災訓練について
　　第3回会議（2月頃）　　今年度の反省、改善点について

特に第3回目の会議では、1年の活動を振り返りを行い、翌年度の活動に生かせるようにしています。

（2）保護者や地域と学校とのかかわり

毎年気仙沼地区で行われている総合防災訓練ですが、11月の第一土曜日に設定されています。本来、学校は休日となっていますが、小中学校とも授業日に振り替えています。

午前中は家族とともに各地区毎に定められている一次避難所へ避難します。その後の活動内容は各地区毎に工夫が凝らされ、放水訓練や、バケツリレー、初期消火訓練、炊き出し訓練、非常持出袋の確認、備蓄庫内容の確認、防災に関する講話など、多岐にわたっています。

炊き出し訓練の様子

　午後は、避難所設営訓練を実施しています。この活動は本校の防災学習の大きな特徴であり、生徒たちだけによる避難所設営訓練となります。本校体育館は、市指定の避難所でもあり、東日本大震災の直後には約2,000人の避難者が押し寄せました。

　日中は中学生が常に学校にいることから、災害発生直後の混乱期でも、自

軽可搬ポンプを使った消火訓練

分たちの手で避難所を作成し、初期対応を行うことを目的としています。そして、消防や市の職員が駆けつけた際に、スムーズに引き継ぎが行われることを目指しています。

　通常行われている生徒会委員会活動の組織を、避難所設営のそれぞれの担当に移行すれば、無理なく活動ができると考えました。生徒会執行部を対策本部にし、運営委員会が受付を担当、図書委員会が幼児・高齢者への対応、防災委員会が避難者のカードやリストを作成、厚生委員会が救護スペースを作成するといったようにそれぞれが役割をもちます。また、階上小学校の児童と一緒に活動し、6年生は設営訓練に、1～5年生までは避難者役として訓練に参加しています。

　この活動は大震災後は毎年行われ、中学1年生が3年生になった時には活動内容を理解し、後輩たちに指示が出せるようになります。

　これが代々引き継がれることにより、学校として安定的に避難所設営に取り組むことができます。また、階上

体育館での避難所初期設営訓練の様子

地区防災教育推進委員はこの活動の様子を見学し、事後の振り返りの時間でアドバイスをお願いしています。

また、今年度はNPO法人に講師を依頼し、親子防災教室を開催しました。どのような場面を設定すれば保護者全体の防災意識の高揚と、正しい知識の理解につなげられるのかをPTA本部役員で話し合い、新入生が入学した直後である4月の授業参観日に実施することができました。

加えて、毎年12月には1年間の防災学習をまとめた発表会を、保護者や防災教育推進委員が参観しています。

このような活動を行うことで、皆の意識が向上し、年間を通した防災学習全体の導入やまとめにつなげることができます。

3　まとめ

（1）これまでの成果

これまで、階上地区全体で防災に取り組んできたことにより、「生徒をはじめ、住民一人ひとりの防災意識が向上している」という意見がアンケートに寄せられています。また、「意欲的に訓練に臨むことで、技能や互いに協力して取り組む姿勢等が育まれている」という意見もありました。

東日本大震災の際は、以前から地域との合同訓練をしていた成果により、避難所生活が始まった直後から、学校や地域が連携して避難所の運営や清掃、食事の準備などを組織的に取り組むことができました。また、3年間防災学習を行い、階上中学校を卒業した高校生や帰省していた大学生が、中学生の指揮をとって活動しました。様々な支援を受け、避難所運営の組織ができあがった後もボランティア全体の動きの統率を任される者もいるなど、避難所の運営を積極的にサポートする者も多く見られました。

2012年12月7日17時18分に大きな地震が発生し、津波警報が発表された際には、部活動に取り組んでいた生徒がそれまでに学んできた知識や訓練を基にし、率先して体育館の避難所開設を行うことができました。この時は約300名の避難者が身を寄せましたが、混乱なく行動することができました。

また、下校途中に本校女子中学生4人が民家の小火を発見し、近くに住む本校を卒業した高校生1名と共に、一人は消防署に通報、残る4名は近隣住民に呼びかけ、協力をいただき、バケツリレーで消火作業を行った結果、大事にいたらなかったというようなことがありました。その女子生徒たちは、新聞記者の取材に対して「学習したことを実践しただけです。」と答えましたが、"知る" "備える" "行

動する"を軸とした実践的な防災学習の成果であると思います。

さらに、本校防災学習を学んだ1期生男女3人が地元の消防団に入団し、新聞に掲載されたこともありました。本校で防災学習を学んだ生徒は、『未来の防災戦士』として、自分の身を災害から守るとともに、「救助される人」から「救助する人」として、将来、自分の置かれた立場で地域貢献してくれるものと信じています。

また、アンケートの結果から「階上小・中学校と地域との連携がより強化されたこと」「新しいまちづくりに対して防災の面から提言できたこと」などが挙げられました。

（2）今後の展望

一方、今後の課題もあります。大震災から6年が経過しようとしており（平成28年執筆現在）、風化とも思える声が聞こえていることも事実です。また、「以前に（防災訓練に）参加したから大丈夫」といったような防災意識が低下していると感じる場面も見られます。このことから防災教育推進委員会では「行政区毎の防災学習に取り組む温度差を解消すること」「さらに多くの住人に参加してもらうこと」を課題として話し合いを行っています。地区によっては、夜間の避難訓練（避難所設営訓練）を行ったり、防災運動会を行うなど、内容を工夫するような計画も見られました。

また、地区毎に自主防災組織の設立も始まっていることから、今後ますます学校と地域の連携が重要になってきます。そして、PTA活動をさらに活性化させ、学校と家庭の連携や、保護者と子どものつながりの一層の強化も図っていきたいと考えます。そのための具体案として、小・中学校と保護者とで連携した引き渡し訓練や、有事の際の家庭内での決め事を家族会議の中で確認していくこと等が挙げられます。

このような取り組みを通して、一人でも多くの人が安心して日々を暮らせるように、未来に生きる地域の子どもたちのために、さらに防災意識を高めていきたいと考えます。

第1章 災害からの学びと教訓

05 学校を地域のコミュニティの拠点に

宮城県PTA連合会　副会長　杉山昌行

> **PTA**　宮城県石巻市立稲井小学校父母教師会　本部役員・学年委員・施設部・校外指導部・教養部・保体部で構成。
> 宮城県石巻市立稲井中学校父母教師会　本部役員・学年委員・施設部・校外指導部・教養部・福利厚生部で構成。

1　PTAの立場から東日本大震災を考える

　まず、私の住んでいる地区について簡単に説明をしておきます。私の地区には石巻市立稲井幼稚園、稲井小学校、稲井中学校が隣接して建てられており（小・中同一学区）、平成28年度現在、私は稲井小・中学校の父母教師会に所属しております。更に学区内には市立稲井保育所、石巻商業高等学校、石巻専修大学が存在し、学区としての面積はかなり広く（57.52km²）、市町村合併前の旧石巻市の面積のおよそ4割、合併後の現在でも市全体の約1割という広さです。昔ながらの農業地帯が多く地域的な協力体制や住民間のつながりは以前より弱まったとはいえ、まだまだ都会や新興住宅地に比べれば強い方だと思います。

　さて、平成23年3月11日。当時私は稲井幼稚園のPTA会長を務めておりました。また、既に次年度の稲井中学校のPTA会長に内定しておりました。そのような状況であの震災があり、学校も地区も混乱を極め、各組織に所属はしているものの連絡が取れず、組織としての統制が取れないまま、それぞれが各自の判断で動かざるを得ない状態が続きました。

　被害の詳しい状況は既に各種記録が出版物やウェブで公開されておりますのでそちらを参考にしていただくとして、私は当時の学校を中心とした避難状況や単位PTAとしての活動状況、現在に至るまでの教育環境の復興状況をご報告申し上げ、今後の課題について考察してみたいと思います。

2 報　告

（1）震災前

　東日本大震災以前の学校の防災体制はごく一般的なものだったと思います。年数回の通常の避難訓練、そのうち1回は保護者への引き渡し訓練を行っていました。また、中学校は避難所に指定されており、ある程度の防災関連の備品や非常食などは用意されていました。連絡網はクラスごとの判断に任されており、あっても必要最小限のもので大体が携帯電話番号のみという状態でした。その代わり一斉メール配信システムは導入し活用し始めていました。

　一般的な校内の防災計画は構築されていたと思いますが、地域連携という観点からの防災連絡会のようなものは当時は組織されていませんでした。病院や消防署、派出所のほか必要と思われる施設や団体の連絡先が緊急連絡先として職員室に掲示してある程度だったと記憶しています。

（2）震災直後

　稲井地区は内陸部に位置し、沿岸部とは山を隔てています。このため津波の直接的被害は少なく、学区の西側を通る北上川を河口から数km以上にわたり遡上してきた津波（ⅰ）が土手を越えて一部の地域に及んだだけで済みました。とはいっても、全壊も含む建物被害はありましたし、ライフラインの甚大な被害の影響は免れず、電気、電話、上下水道、都市ガスなどの復旧は地区によっては半年近くかかったものもありました。また、地域内は無事でも勤務先や外出先で被災されたり亡くなられた方は多数いました。下校後の児童1名、生徒1名と当時稲井幼稚園と稲井中学校でALTとして勤務されていた先生が帰宅途中で犠牲になりました。

　当時幼稚園のPTA会長をしていた私がまず考えたのは園児と会員の安否確認でした。固定電話も携帯電話も全く使えない状況を想定した連絡方法を決めていなかったこともあり、まず幼稚園に直接出向き相談しました。当時稲井幼稚園の園児は20名と少なかったので副園長先生と手分けして直接家を訪問して確認しました。学区外通園の園児や遠い実家避難をしていた会員もいたため数日かかりましたが、幸い家族も含め全員無事でした。

　また、小・中学校のPTA会員の安否確認にも協力しました。ただし、学区が広いことと幼稚園と違い会員数が多いため全戸訪問というわけにはいきませんでした。学校側でもできる範囲で安否確認をしていましたが全体を把握するには至っておらず、私が中学校PTAの5地区の各支部長宅を訪問し、支部ごとに小

学校の分まで含めて安否確認をして可能な限り小・中学校両方に直接報告に行ってほしい旨伝えました。小・中同一学区だったためにできた方法だったと思います。

(3) 地域ぐるみの避難所運営

沿岸部の学校が全滅し、内陸部でも北上川沿いに位置する多数の学校が浸水したため各地から被災者が学校に押し寄せてきました。そのほとんどが学区外からの避難者だったようです。当初、小・中学校で受け入れていましたが、中学校は要介護者の避難所として使用することになり、小学校の体育館が一般に開放されました。避難所指定がされていなかったため公的な支援物資が届くようになったのはかなり遅くなってからでしたが、各行政区長や住民が自発的に食料や支援物資を持ちよりました（農村部ということもあり米や野菜の備蓄を十分に持っている家が多かったことも幸いでした）。婦人部を中心に地域住民による炊き出しのボランティアも毎日行われました（自発的に協力を申し出てきた中学生もおりました）。これにより他の避難所に比べて早くから、量的にも十分で温かい食事を提供できたと思います。そのためかどうかわかりませんが最大で約500名の避難者を受け入れていたにもかかわらず、大きなトラブルもなく、穏やかな環境で半年余りの避難所運営がなされました。地元建設会社の申し出で早い段階で仮設トイレも設置されましたし、消防団が発電機を用意しました。他の避難所ではけんかやトラブルが絶えず、険悪な雰囲気だったところもあったと聞きます。土地柄というわけではありませんが、以前より地域力が弱まってきたとはいえ、町場に比べて地域の協力体制が得られるような関係づくりが昔から続けられており、先輩方が培ってきたいざというときの底力のようなものを感じさせられました。

稲井小学校は体育館だけが避難所として利用されましたが、他では校舎の教室を避難所に使用したところも多くあります。当時市内にあった小中合わせて64校のうち、何らかの形で避難所として使用されたのは50校。そのうち避難所の閉所が10月になったのが19校です。そのほとんどは最大時の避難者が1,000名を超えており、蛇田中学校や青葉中学校のように一時4,000名を超えた学校もあります。災害の規模を考えればやむを得ないこととはいえ、教育施設としての利用に支障をきたしたことは事実です（ⅱ）。

(4) 地域的特性に助けられる

建物は無事だったとはいえライフラインが全て断絶し、新しい家で暮らす家庭が多くの不都合を強いられる中で、簡易水道(地下水)、まき風呂、汲み取り式便所、

プロパンガスといった昔ながらの設備を残していた家ではいつもよりは少し不便という程度の生活を送ることができました。そして、地域的に米や野菜を貯蔵している農家もあり、これらが各地区に結構な割合で存在し、それ以外の家庭がいろいろな面で助けられました。

また、他の多くの地域でみられた空き巣や車上狙い、燃料の抜き取りといった治安の悪化も全くありませんでした。これはやはり、地域全体が顔の見える付き合いをしており、不審者や外部の人間が入り込むとすぐわかるという環境によるものだと考えられます。

（5）教育環境の復興状況

・石巻市の仮設住宅と入居者数（H28.9.1 現在）(ⅲ)

地区	着工戸数	入居戸数	入居人数
石巻	4,174	1,742	3,638
河北	847	458	958
雄勝	130	64	125
河南	961	413	890
桃生	331	104	190
北上	234	157	387
牡鹿	445	242	600
合計	7,122	3,180	6,788

現在では約半数が既に何らかの形で退去していますが、それでも尚、7,000人近い人々が仮設住宅で暮らしています。当然、その中には子どもたちも含まれるわけで、いまだに仮設住宅から通学、通園している子どもたちが大勢いるのが現状です。阪神・淡路大震災の時の兵庫県では3年後には入居戸数が半数以下になり5年後にはゼロになったことに比べればその復興の遅さは明らかです。

・大規模被害を受けた石巻市の学校の復興状況（H28.4.1 現在）(ⅳ)

石巻市内で特に大きな被害を受け校舎が使用できなくなった学校は、数週間の臨時休校を経て、まず近隣の学校で間借り授業を始めました。その後閉校になった学校もあり、また仮設校舎に引っ越したり、改修工事の上、自校舎に戻った学校もあります。平成28年9月現在、間借りや仮設校舎を利用して授業を行っている学校は4校となりました。

学校名	授業実施状況		
	震災直後間借り使用施設	途中経過	現在の状況
相川小学校	橋浦小学校	H 25.3 閉校	H 25.4 北上小学校新設（橋浦小校舎利用）
吉浜小学校	橋浦小学校	H 25.3 閉校	H 25.4 北上小学校新設（橋浦小校舎利用）
船越小学校	石巻北高飯野川校	H 25.3 閉校	H 25.4 雄勝小学校に統合
大川中学校	飯野川中学校	H 25.3 閉校	H 25.4 河北中学校に統合
湊小学校	住吉中学校		H 26.4 自校舎使用再開
湊第二小学校	開北小学校	仮設校舎〜H 26.3 閉校	H 23.10〜仮設校舎、H 26.4 湊小学校に統合
渡波小学校	学年ごとに別学校で間借り	仮設校舎（稲井中校庭）	H 23.9〜仮設校舎、H26.4 自校舎使用再開
門脇小学校	門脇中学校	H 27.3 閉校	H 27.4 石巻小学校に統合

大川小学校	飯野川第一小学校	仮設校舎（二俣小校庭）	H 25.12 仮設校舎～（自校再開未定）
雄勝中学校	石巻北高飯野川校		H 29.4 移転新設予定
雄勝小学校	河北中学校	仮設校舎（石巻北高飯野川校校庭）	H 25.4～仮設校舎、H29.4 移転新設予定
渡波中学校	学年ごとに別学校で間借り	仮設校舎（稲井小校庭）	H 23.9～仮設校舎、H29.4 移転新設予定
湊中学校	石巻中学校	仮設校舎（中里小校庭）	H 23.10～仮設校舎、H26.4 自校舎使用再開
谷川小学校	大原小学校		H 24.4 大原小学校に統合

　間借り授業では借りる側も貸す側も気を遣い、子どもたちも先生方もお互いに、かなりのストレスだったと思います。特別教室や体育館、校庭などの使用についても、特に入学式や卒業式、運動会といった行事が同じ時期に重なるので、その割振りや年間行事予定の設定に両校とも苦労したようです。

3　反省と今後の課題

（1）いざというときのための連絡網

　最近は個人情報の保護を理由に、クラスの名簿やきちんとした連絡網も作らない風潮があります。また、一斉メール配信システムに頼った連絡方法が一般化しつつあります。しかし、個人情報より命の方が大切なのは明白です。しかも、様々な状況を想定した連絡網作りをしておく必要があります。ネットの安否確認サイトを利用することを事前に決めておくのも一つの方法ですが、そもそも電気も携帯も使えない状況を考えなくてはいけません。学校を中心に物理的距離の近い順につないでいく連絡網が必要です。最悪でも人力で連絡できるからです。

（2）地域連携を考慮した学校防災の準備

　始めから避難所指定がされている学校はあらかじめ非常食や防災グッズなども常備されていると思いますし、マニュアルもしっかりしていると思います。しかし、いざ大規模自然災害が起きてしまうと避難所に指定されていない学校にも避難民はやってきます。それは地域のコミュニティの拠点として普段から認識されているからです。そういう意味で学校が担う役割は想像以上に重要です。また、大震災後、各学校で防災体制づくりはかなり進んだと思われますが、先の報告でも述べたように大規模災害の場合の地域連携は必須です。コミュニティのつながりが薄くなりつつある今だからこそ、改めて地域力の強化に取り組むべきだと思います。命をつなぐのは最後には人と人とのつながりです。特に都会や町場で懸念される隣近所への無関心は相手にとっても自分にとっても命取りになります。

　石巻市では震災後、教育委員会の主導で各学校区を基準にした地域防災連絡会という組織づくりに取り組んでいます。学校に事務局を置き、学区内にあるすべ

ての幼稚園や学校の防災担当者とPTA会長、公民館長、行政区長会、派出所、消防署、消防団、防犯、交通安全、自主防災組織等の代表が集まり災害時の連絡体制や避難対策、緊急時の対応を話し合っています（v）。

また、年に1回行われる市の総合防災訓練では自主的な一般参加者に加え学校単位での参加や、地域防災連絡会単位での参加を呼び掛けています。そして、通常の避難訓練に加えて、避難経路の確認、避難所要時間の測定、非常持ち出し品の確認や通信訓練、地区によっては炊き出し訓練などを行っています（vi）。

（3）地域連携のパイプ役としてのPTA

そのような地域連携を考えたときにPTAの役割は非常に重要です。コミュニティの核として学校を考えるならば学校をハブとして各組織や各家庭と地域とをつなぐインターフェースの役割を担えるのはPTAに他ならないからです。普段から常にその点を考慮した組織づくりや運営を心がけ、いざというときに連絡が取れる体制やご近所の顔がすぐに思い浮かぶような、お互いに心の通じた人間関係づくりにつながる、外に開かれたPTA活動をしていく必要があります。

（4）頼りになる子どもたち

緊急事態に遭遇した時、私たちが想像する以上に子どもたちは有能です。大人が困ったり苦労しているのを見て、何かできることをやろうと思い始めます。彼らを子どもだからといって蚊帳の外に置くのではなく、一人の人間として役割を与えるべきです。小学校高学年は低学年や未就学児の子守（遊び相手）を立派に努めます。中高生はもう大人と同じ仕事を何でもこなします。炊き出し、支援物資の仕分けや配分、給水車からの水の運搬、仮設トイレの掃除等々。何より子どもたちが元気に活動しているのを見るだけで力が湧いてくるという大人や高齢者が現におりました。防災組織や体制を考えるとき、予めそこに子どもたちを組み込んでおくこと、そして普段からその意識を持たせておくことが必要だと思います。また、子どもたちから困難を取り除くのではなく、いかにして困難を乗り越えるかを普段から教えていくことが親の役目だと思います。

（5）復興の優先順位（行政への要望）

子どもたちの成長は1年と言われません。特に小さいうちは数か月単位で発達段階があり、発達心理学上はその段階ごとに体験すべきことや習得すべきことがあります。その年齢を逃すと精神的に取り返しがつかない影響が出ることもあります。この震災の影響で、仮設校舎に入学して仮設校舎から卒業していった子ど

もたちがいます。未だに仮設住宅から通っている子どもたちがいます。ただでさえ被災して心にダメージを受けた子どもたちにいつまで我慢をさせているのでしょう。私は大人として彼らに申し訳ない気持ちでいっぱいです。確かに道路の復旧や護岸工事、地盤のかさ上げ工事なども大切です。しかし、それは数年後に回してでも子どもたちの教育環境を立て直してほしいのです。なぜならば、長い目で見れば彼らこそがこの故郷の復興の担い手になるからです。今後もしこのようなケースがあれば、是非学校関係の復旧と児童生徒を持つ家庭への住宅支援はスピード感を持って優先的に行っていただきたいと切に願うものです。

4　終わりに

あの頃、大人たちが絶望のどん底でへたり込んでいた時、子どもたちの元気な声や明るい笑顔にほんとうに何度救われたかわかりません。彼らの適応力の高さや順応性の速さには恐るべきものがあります。彼らのあくまでも前向きな精神構造は間違いなく私たち大人にとって希望の光であり、守るべき宝であり、そしてもう少し頑張ってみようかなと思わせてくれる生きるためのモチベーションの原動力であります。この子らの大切な命を確実につないでいくために、防災はもちろんのこと、それ以外のすべてのPTA活動も含め愛と情熱をささげて取り組んでいかなければいけないと改めて思いましたし、PTAに関わるすべての人にその思いを共有していただきたいと願っています。

以下はインターネット上で閲覧できる資料です。参考にしてください。
(i) 　資料映像（東北地方整備局）
　　　https://www.youtube.com/watch?v=BwSe2u3Hd1k
(ii) 　地域の避難所となる学校施設の在り方について（文科省）
　　　http://www.mext.go.jp/b_menu/shingi/chousa/shisetu/013/007/shiryo__icsFiles/afieldfile/2014/03/14/1345093_5.pdf
(iii) 　石巻仮設住宅一覧（石巻市）から抜粋
　　　https://www.city.ishinomaki.lg.jp/cont/10401200/7625/list_280801.pdf
(iv) 　被災に伴い仮設校舎等を使用している小・中学校一覧（宮城県）から抜粋
　　　http://www.pref.miyagi.jp/uploaded/attachment/357002.pdf
(v) 　学校防災推進会議参考資料（石巻市教育委員会）
　　　https://www.city.ishinomaki.lg.jp/cont/10181000/8320/siryou-4-3-tuika-1.pdf
(vi) 　総合防災訓練参考資料（石巻市）
　　　http://www.city.ishinomaki.lg.jp/cont/10181000/0070/8057/02_siryou1-2.pdf

06 東日本大震災からの学び・島の学校としての取組

宮城県塩竈市立浦戸小中学校　校長　斎藤博厚

> 宮城県塩竈市立浦戸小中学校
> ～東日本大震災からの学び・島の学校としての取り組み～
>
> 　平成17年度、本校は学校の活性化に向けて島外からの児童生徒の受け入れを可能にする「小規模特認校制度」を取り入れました。これは、島の豊かな自然の中で小規模校の特色ある教育を受けたいという保護者や子供の希望がある場合、住所を移さずに学区外からでも、その児童生徒の転入を認めるというものです。浦戸第二小学校・浦戸中学校は宮城県最初の指定校です。東日本大震災後の平成27年度には、小中一貫校となるのにともない、学校名が浦戸小中学校に変更され、塩竈市立浦戸小中学校の幕開けとなりました。

1　実践のきっかけ

　東日本大震災時は野々島はじめ島の大部分が津波の被害を受けました。学校が存在する野々島の島民は直ちに高台にある浦戸小中学校（当時は浦戸第二小学校と浦戸中学校の併設校として存在）へ避難し、それから4ヶ月を超える避難所生活を送ることになりました。当時、避難所生活の指揮を執ったのは当時の校長先生でした。教職員と島民が力を合わせて日々の生活を営み、不安な気持ちが襲ってきても互いに励まし合って乗り越えました。震災を体験したことで、大人が子供たちへ向けてしっかりと震災の教訓を伝えなければならないと痛感しました。浦戸小中学校は昨年度から小中一貫校となりましたが、小中学生と教職員が力を合わせ、島ならではの特色を生かして防災の在り方を追求するため、日々防災教育に取り組んでいます。

第 1 章　災害からの学びと教訓

2　地域連携活動の実践

（1）地域の防災訓練から学ぶ取り組み

　東日本大震災で塩竈市は、県内でも被害が大きかった地域の一つです。特に、浦戸諸島は被害が大きかったため、昭和53年の宮城県沖地震があった6月の時期に行う塩竈市総合防災訓練は、特に力を入れて行っています。浦戸諸島には各島の消防団があり、海辺での救助や陸での救助に備えて訓練をしています。消防団のメンバーは、それぞれ日中は仕事をしていますが、市総合防災訓練時は、島民や学校と共に避難訓練を行います。市総合防災訓練は、常に津波を想定しての訓練を行います。今いるところより高い所を目指して逃げるという訓練です。野々島は震災時、幸い全員が命を守ることができましたが、寒風沢島では、犠牲になられた方もいらっしゃいました。辛い思いをした当時を振

地震が来たぞ！　みんな頭を守れ！

津波の時はこの道！　足元気を付けて！

り返り、自分の命は自分で守る意識と島に生きる人間としての島の皆さんの覚悟を児童生徒も我々教職員も感じ、学んでいます。

　野々島は、今年に入ってから防潮堤の高さが決まり、嵩上げ工事が始まりました。まだ道路も舗装されていないため、常に足元を気を付けて通らなくてはなりません。大きな石があったり、でこぼこ道だったり、小学生は大変です。しかし、普段から中学生が小学生を気遣いながら声をかけ合い、助け合って歩きます。島の皆さんも朝夕、通学途中の子供たちに「おはよう」「さようなら」と声をかけてくださいます。子供たちは、地域の方に見守られながら登下校をしています。万が一、津波が来たら、避難経路を通ります。そこは、椿ロードといって、椿の木がずっと続く細い道です。島の皆さんも一緒に歩きます。人が一人歩けるくらいの細い道なので、みんな足元に注意しながら真剣に歩きます。

（2）生徒の防災意識を高めるための地域連携

　浦戸諸島は、日本三景の松島湾内にあり、桂島、野々島、寒風沢島、朴島の4

島からなる複雑な海岸線をもつ島々です。人口は4島を合わせて363人（平成28年8月末現在）です。総面積は2.92km²、海岸線の総延長は31.4kmです。牡蠣や海苔の養殖など、水産業がさかんです。このように自然豊かな浦戸諸島には、海を愛し、自然と共に生きる素晴らしい島の皆さんが暮らしています。

まずは備蓄倉庫から物を運びます

浦戸小中学校は、野々島、寒風沢、桂島、石浜、朴島の各区長さんはじめ、学校評議員さんや学校支援地域協議会通称『支援隊』の11名の皆さん、そして同窓会の皆さんが、日ごろから心強い応援団になってくれています。私たちは、ありがたいことに、常に地域の皆さんの温かい心に包まれて学校生活を送っています。現在、全校児童生徒数36人のうち、島の児童生徒は2人です。桂

避難所完成！　みんなの力の結集！

島在住の児童が1人と寒風沢島在住の生徒が1人です。島の子供は2人ですが、島の皆さんは、島の子も島外の子も分け隔てなく、大事にしてくれています。また、避難訓練時は、野々島の消防団の皆さんや島の皆さんが小中学生に震災の時の体験談を交えながら災害時に必要な話をしてくれます。そして、避難所開設訓練を中学生と一緒に実践します。このような場をこれからも大切にしていきたいと考えています。

さて、この避難所開設ですが、消防団の皆さんや『支援隊』の皆さん、また、島の塩竈市浦戸振興課の方々や保護者が中学生と一緒に行います。中学生は、大人同様に一人前に役割を担います。震災の時は、どこの避難所でも中学生が活躍したといいます。男子は水くみや力仕事、女子は子守りやお年寄りのお世話などをして、中学生の力を発揮した事例を紹介し、中学生には責任ある役割を任せます。例えば、避難所開設をした場合に欠かせない、住居エリアのパーティションや簡易トイレ用パーソナルテントなど、少々難しい設営も中学生が行います。重たい発電機や投光器などは、大人と一緒に男子中学生が設営します。プライベートエリアに設置するプライベートルームやランタンは、女子が必要な場所を考えながら設置していきます。

浦戸ならではの訓練といえるものは、浦戸小中学校独自の防災マニュアルに沿っ

た災害時対応の仕方です。特に、船での訓練は他の学校にはない訓練です。朝夕塩竈市営汽船で通っている児童生徒が大半を占めるため、船での避難の仕方や心構えなどを日ごろから確認しています。また、学校がある野々島へ行く途中、小学生が一人在住している桂島を経由しますが、以前、自然災害のため、この桂島に緊急着岸しなければならなかったことがあり、その時は、桂島の皆さんに避難する場所を提供してもらったり、補食をいただいたり、とても助けていただきました。その時は事なきを得ましたが、今後も万が一に備えて、桂島での途中着岸訓練を考えています。また、船は風向きによって、時に大きく揺れたり、潮の満ち引きにより、海底が浅くなるために航路を変更することがあ

何事もチームワーク！

り、運行時間がかかったりします。ある時、台風が近づいたため、波がとても荒れ、小学生が泣き出したことがありました。そんな時、中学生がやさしく「大丈夫だよ。一緒にいるよ。」と声をかけてくれたり、不安がる小学1年生の女の子を抱っこする中学生の女子もいました。小中一貫校ならではの素晴らしい光景だと思いました。大変な場面でしたが、大人はその姿を見て大変感動しました。日ごろから助け合い、学び合う姿が垣間見られた瞬間でした。子供たちは、自然は美しいけれど恐ろしいということも身体で覚えていきます。そのような自然を子供たちはきっと愛し、大切にする大人になっていくと信じています。

ところで、自然災害は、明るい日中に起こるとは限りません。昨年度は、塩竈市内全体で夜を想定した訓練を行いました。明るい場面だけで簡単に組み立てられたパーティションも、トイレも、まずは、灯りがないと何もできず、とても苦戦しました。当然ながら、暗い場面では、何事も大変だということを学びました。島に灯りが少ない浦戸小中学校では、日ごろから懐中電灯やランタンが必需品です。そこで玄関や体育館の入口には、必ず懐中電灯を置き、ランタンも置く場所を決めています。

また、平成27年度は、県で実施している『むすび塾』に参加し、防災の学習を行いました。内容は、島内の標高を測定するというもので、普段意識していない地形を確認することができ、防災意識を高めることにつながりました。

3　成果と課題

（1）成　果

　本校は、自然の中で営まれているため、自然災害は、児童生徒、教職員、保護者にとって身近な存在です。台風が近づく時期や冬に天候が荒れる時などは、緊張が走ります。通常利用している市営汽船が運航できない場合は、すぐに下校の体制を取ったり、朝であれば、連絡網を回して桟橋待機にしたりします。いずれにしてもその時々で臨機応変な対応が必要になります。そのような時に中学生はもちろん、小学生も臨機応変な対応というものを学んでいきます。日ごろから小中学生が協力し合って生活をしているからこそ、大変なときは、中学生が小学生を守る体制が自然に身に付き、それを発揮することができます。また、今年度から新たに月1回浦戸小中防災強化デーを設け、防災意識の高揚を目指した取り組みを行っています。これらは、小中一貫校ならではの強みだと確信していますし、これが大きな成果だと感じています。そして、何より、島の学校ならではの地域の皆さんとの交流があることが、災害時に力を発揮すると痛感しています。このことからも非常時に限らず、日ごろから連携を取ることを大切にしています。

（2）課　題

　島に在住の児童生徒は2人とも東日本大震災で津波による大きな被害を受けています。1人は自宅が流されて家屋が全壊してしまいましたし、もう1人は、当時幼かったため、さぞ怖かったのではないかと思います。また、島外の子供たちにも同じように怖い思いをしたことで心のケアが必要な子供がいますし、今後も気を付けて見守っていかなければならないことです。心のケアは、一番近くにいる大人がそのSOSを察知し、寄り添うことや話を聞いてあげることが大切になります。震災を経験した者として、その当時幼かった子供たちに対して、命の尊さをしっかりと伝え、生きていくために大切な知識を教えるとともに、関わる人たちと新たな方法を探していくことが課題だと言えます。震災当時のことを憶えている子とその記憶がない子との認識の差、島内の子と島外の子との意識の差は、今後ますます表れてくることと思います。それを埋めるはたらきかけを行う必要性を強く感じます。そして、何よりも島在住の皆さんの高齢化による避難の在り方や避難所としての学校の在り方について、今後検討をしていかなければならないと感じています。

07 ふれあい交流発表会

宮城県仙台市立中野中学校PTA　会長　五十嵐智告

> **PTA**　宮城県仙台市立中野中学校PTAは会員数568名で、本部役員の他、学年・施設研修・保健体育・広報・健全育成の委員会で構成されている。

　2011年3月11日、宮城県三陸沖を震源とするマグニチュード9.0の大地震が東日本を襲いました。

　地震により発生した大津波によって被害はさらに甚大なものとなり、死傷者・行方不明者が2万人を超える戦後最大の自然災害となってしまいました。

　あの日から5年8か月（2016年11月執筆時）。少しずつ復旧・復興してきた中で、この度の防災事例集作成に当たり、私たちの家庭・学校・地域で取り組んできた活動の一つ、「ふれあい交流発表会」を事例としてご紹介したいと思います。

　こちらは年1回行っている行事ですが、今年は第14回となり東日本大震災よりずっと以前から行われています。活動の主旨も防災を謳っているものではありません。

　しかし私は、この活動によって知らぬ間に築かれていたものが、不測の事態に襲われたときに役に立っていたこと、今後も役立つ大切なことが秘められていることを、先の震災から今日の復興に至る中で知ることができました。

　防災を直接的な目的とした活動のみが災害時に役立つ訳ではなく、日ごろのPTA活動の中にも防災に繋がる要素は潜在していることを知っていただく事例として取り上げたことをご理解ください。

1　中野中学校の概要

　私がPTA会長を務める仙台市立中野中学校は、生徒数約600人で仙台市宮城野区の東端に所在し、東南約3kmには仙台港がひかえます。

　震災時には学区内にも津波が押し寄せ、大量のがれきも流れてきましたが、一部エリアの家屋に床上浸水の被害はあったものの海岸沿いの住宅地のような壊滅

的な被害までには至りませんでした。

校舎も一部亀裂や段差が出来るなどの被害はあったものの、使用に耐えられないような被害はなく、危険性のある場所もその後の修繕などで使用可能な状態に戻りました。

2　「ふれあい交流発表会」

この事業は、本中学校区（2小1中）を範囲とする中野中学校区青少年健全育成協議会（以下健育協）、宮城野区及び高砂地区社会福祉協議会が主催し、高砂第二地区民生委員児童委員協議会（以下民児協）、交通安全協会高砂第二支部、高砂地区日本赤十字奉仕団が共催で、毎年敬老の日前後の土曜日に開催しています。

児童生徒にとっては高齢者を敬う心、思いやりを育てる活動として、高齢者にとっては地域での生活に生き甲斐を感じてもらう事業として、2003年から始まりました。

参加者は約1,000名（高齢者約500名、児童約150名、生徒約200名、健育協約150名）と、特に震災以降は家庭・学校・地域が一体となっての協働が強まり、参加者数が以前の約600名程度から現在の規模へと拡大しました。

特に本中学校区民児協の方々が開催当初から大変活発に行動して下さっており、高齢者へのお誘いも熱心に続け、特に震災以降はより力を

入れて取り組んで下さっていることが参加者増加を生んでいます。

中学校の体育館を使用して行われる交流会ですが、内容は幼稚園、小学校、中学校、市民センター、コミュニティセンターなどから地域の各団体が、踊りや唄・演奏などのステージ発表で高齢者に楽しんでいただいた後、健育協手作りの豚汁を振る舞う昼食会、そして閉会というもので、おおよそ半日の行事になります。

豚汁は、一鍋約200食が作れる炊き出し用の大鍋を4つ使用し調理します。今年は4鍋のうち2鍋を2回転させ計1,200食分の豚汁を作り、すべて完食という結果となりました。

調理班は本中学校区である福室小、中野栄小、中野中のPTA本部役員及び各校健全育成委員が担っています。

震災前は民児協婦人部の皆さんが担当しておりましたが、震災直後の年、余震も心配されたこともあり、より若手の人員を当てようとPTAに任せていただくこととなりました。

プログラム進行の司会は中学生、配膳も中学生が行います。

日頃家庭ではお手伝いをしないと言われている年代の子たちですが、この日は大活躍してくれます。

体育館内の高齢者一人一人に声を掛け、おしぼりを渡し、おにぎりや豚汁を配ると高齢者たちからは「ありがとう」の声と笑顔が返ってきます。

参加した中学生の感想には「『ありがとう』と言われると嬉しい」「人に喜んでもらえることはとても気持ちがいい」「今後もボランティアに参加したい」などがあり、道徳心の教育にも役に立っている一面もあるのではないでしょうか。

また、高齢者からは「若い子が一生懸命に自分たちのために活動してくれるのは嬉しい」「来年も是非来たい」「参加することが生き甲斐になっています」などの感想をいただいております。

また、幼児や児童がステージ発表をする際には、その子たちの保護者も多数来場し、ステージ発表を楽しんでくれています。

3　世代連携の機会

　こうして見ると、当日の会場には赤ちゃんからお年寄りまで、ほぼすべての世代が集結していると言っても過言ではないかと思います。

　核家族化によって世代の違う家庭同士の交流の機会は減少し、地域における世代連携は希薄化してきているのが現状です。

　お年寄りを思いやる心を育むにも、接点が無くては難しいという側面があります。高齢者をこの日一日楽しませるために、自分たちが一生懸命練習し発表するということを通して、そうした道徳心を身につける一助になっているものと考えます。

　ここまでは「ふれあい交流発表会」について述べてきました。

　では、なぜこの活動を防災事例として紹介するのか、東日本大震災発生から今日に至るまで具体的に役立ったと思う事象を挙げていきます。

4　顔の見える関係

　震災発生により学校、市民センター、コミュニティセンターは避難所となりました。

　津波到達地点の境に位置した私たちの地域には、エリア内の居住者に加え、完全に津波にのまれ家屋も崩壊、学校等の避難所も一面海と化してしまうことによって避難場所の移動を余儀なくされたエリアの人たちも加わり、膨大な数の避難者で一杯になってしまいました。本校だけでも最大約2,000人の避難者が身を寄せることとなりました。

　当初の数日は状況の把握もままならず、余震も続く状況でしたので、とにかく人数分のスペースの確保、情報収集、そして食事の確保など、目の前のことに追われて過ごしている状況でした。

　数日が経ち、少し落ち着いた私は、近隣の状況確認をしようと同中学校区の避難所を訪問しました。

　そこで初めて気が付いたのは、小学校や市民センター、コミュニティセンターには教職員、施設職員の他に、小学校地区の町内会長を初めとする地域の住民が多数協力しており、役割分担をしながら炊き出しなどの食事の準備や避難所運営に当たっていたことです。

　一方、中学校は教職員のみしか居らず、2交代制のシフトを組んで24時間体制を必死に保つよう頑張っていました。

つまり中学校は2つの小学校区を合わせた範囲としている訳ですが、地域の人たちは自分のエリアである小学校に集中してしまい、中学校の存在を完全に忘れていたのです。

その状況を把握できた私は、両小学校エリアの避難所主要メンバーに中学校避難所の苦境を訴え理解をいただき、合同の状況確認会議を開くこととなりました。誰もが「目先の対応に必死で、中学校も地域の避難所だという認識にまでならなかった」と言っておりました。

そして、それぞれの避難所に何の統制も執られずに届く支援物資の保有状況を情報交換し、避難者数を考慮し支援物資の量・種類・質のバランス化を図り相互交換しました。

人員的問題も、両小学校の町内会長のうち数名ずつを中学校への運営人員の応援として確保し、ようやく中学校も運営側の人員の食事を準備できる程に安定した避難所運営へと移行することが出来ました。

こうした一連の対応が出来たのは、震災以前から健育協の活動を通して、「顔の見える関係」を構築できていたからだと思います。

協議会の会議で集まる程度では、互いに助け合おうとするコミュニケーションまでは至らない気がします。

年一度の地元河川の大橋清掃、年二回の通勤通学時間帯に中学校区内約20か所一斉の「ふれあい挨拶運動」、そして最もコミュニケーションが図れる「ふれあい交流発表会」などの行事を通して「顔の見える関係」が築き上げられていると思います。

互いに協力しながら計画を練り、準備をしたり、運営をしたり、そして笑顔いっぱいで同じ空間、同じ時間を過ごすことで、自然とプラスの相乗効果があるのだと思います。

今回不測の事態に遭遇して、互いの顔が見える関係の大切さに気付かされました。

5　知らぬ間の防災訓練

また、一般に防災訓練の一環として炊き出しを行っているケースがあります。

本中学校区の場合、「ふれあい交流発表会」における豚汁調理は、正に炊

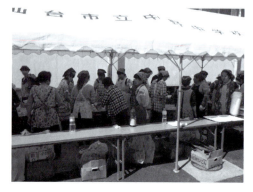

き出し訓練そのものです。

　大鍋を近隣の消防署より借りてくること、ガスボンベの手配をすること、食材は何をどのくらいの量の調達をすればよいのか、調理の方法や所要時間はどのくらいなのかなど、必要なノウハウは次年度のために全て記録として残されています。

　他にもテントの組み立て、机、いす、座布団、スリッパなどの準備というように、避難所設営と同様の作業が行われています。

　このように、楽しく和気あいあいと地域の人たちで協力しながら、いつの間にか防災訓練を行っているという捉え方もできるかと思います。

6　継続の大切さ

　震災から6年になろうとしている中で（2016年11月執筆時）、日常を取り戻し、復興も格段に進んできた今日では、ともすると地域の少子化や高齢化などで財源の減少による経費削減、労力減少により行事の簡素化、価値観の変化による連帯の希薄化など、地域での取り組みを継続していくことが困難になってきている一面も見られることは否めません。

　現に本校の「ふれあい交流発表会」と同じような事業は、同じような時期に仙台市内や宮城県内各地で開催されたと聞いております。

　しかし、今日まで継続して大規模に実施されている事例は聞かなくなってしまいました。

　事業そのものの目的だけを見てみれば、代替えとなり得るものはあるかも知れません。

　その一方で、継続してきたからこそ助けられた今回のような副産物があることも是非知って欲しいと思いますし、私は自分の地域において事あるごとに、前述したような震災で感じた健育協の存在意義と、行事の果たせる間接的な役割を伝えてきています。

　無くすことは一気にあっという間に出来てしまいますが、無くしたものを復活させることは容易ではありません。

　継続していく大切さは十分に認識しておかなければならないと強く感じた次第です。

　今後もここで述べてきた内容の伝承も含めて引き継ぎながら、ますます地域活性の一環としても事業を盛り上げていくよう努力していこうと思います。

第1章 災害からの学びと教訓

08 子どもたちの心を育む防災体験プログラム
～阪神・淡路大震災の教訓をいわきの子どもたちが引き継ぐ～

福島県いわき市立中央台南小学校　教諭　佐藤　登

> **PTA**　福島県いわき市立中央台南小学校PTAは、会員231名。本部役員・学年委員・専門部委員（環境安全部・文化スポーツ部・広報部）で構成。昨年度で創立20周年を迎え、今年度は「チェンジ」の年と位置づけ、会員の減少に対応したコンパクトでパワフルなPTAをめざして活動している。

1　はじめに

　いわき市では、「防災をテーマにした宿泊体験や体験学習プログラムを地域と協力しながら実施することで、子どもたちの防災意識を高め、災害時においても的確に対応できる知恵や行動力などの『生きる力』を育むとともに、防災・減災の地域づくりにつなげる。」ことをねらいとした「いわき防災サマーキャンプ」を東日本大震災の翌年から実施し、今年度まで5回行われました。

　この「いわき防災サマーキャンプ」は、市内の6地区6公民館で、それぞれの地区の方々の協力を得た実行委員会のもとで行われます。参加者は、各館小学校4～6年生から募集した32人で、6館合わせると毎年約200人の子どもたちが参加し、今夏までの5回で、総数は1,000人を数えます。

　しかし、いわき市には小学生が約1万7,000人、中学生が約9,000人の計2万6,000人の児童生徒がいます。私は、いわきの子どもたち全員が、この「いわき防災サマーキャンプ」で行われる学習プログラムを体験すれば、いわきだけでなく、日本の未来への希望となると考えます。だから、もっと子どもたちがこの学習プ

ログラムを体験できる機会を増やそうと思いました。

　そこで、この思いに賛同して頂いた、市役所や公民館職員、PTAの方々、そして参加したお子さんの保護者の方、NPO法人の方々、関係学校教職員など多くの協力を得て、「いわき防災サマーキャンプ」とは別に、公民館や学校、PTAバザーそして地域のお祭りなどのイベントで、防災教室を続けています。

2　防災体験プログラムについて

（1）内　容

　この学習プログラムは、NPO法人プラス・アーツ（神戸市）が、「震災時に必要な知恵や技を身につけてもらうために、楽しみながら防災を学ぶ」をテーマに考案し、阪神・淡路大震災の被災者の教訓を基に開発した防災体験プログラムです。

　そして、防災についてのクイズなどを通して理解したり、実際にゲーム感覚で体験したりすることで、防災についてより深く学ぶことができます。

　代表的なものを紹介します。

　「なまずの学校」は、震災で発生するさまざまなトラブルを紙芝居形式で出題し、その状況において、ふさわしい対策や対応方法を学び、防災について理解できる内容になっています。「災害時にけがをしている人を運ぶのに使えそうなものは？」の問題に、子どもたちは使えそうなものをたくさんのカード（いろいろな道具などが書かれている）の中から選びます。その中で、毛布が担架の代わりになることを学びます。ほかにも、簡易トイレを作るのに必要なものや、津波の後の地面が水につかってしまった中をどう渡るかなど、問題が18問用意されています。

　「毛布でたんか」では、毛布など、身の回りにあるものを使って応急的に担架をつくり、けが人を搬送する方法について体験を通して学びます。

　「水消火器体験」では、水が出る消火器を使って、火事を見つけたときの対応や消火器の使い方を学びます。

　「身近なもので応急手当」は、止血法や骨折時の応急手当を身近にあるハンカ

チやナイロン袋、レジ袋、ネクタイ、
新聞紙（添え木になる）などで代用
できることを学びます。

　「バケツリレー」は、バケツやゴミ
箱、洗面器、そしてレジ袋などを使い、
ビーチボールが入った大きなポリバ
ケツに、リレー式で水を入れます。
ビーチボールが落ちることで、消火
したとみなす方法で水を運ぶ体験を
します。水の受け渡しでは、息があっていないと、なかなかうまくいかないもの
です。
　ここまで聞いて、なんか面白そう、やってみたいと思いますよね。今まで、ど
こか億劫だった防災訓練とは、一線を画しています。
　「面倒くさい」から、「楽しい」への転換なのです。

（2）実　際

　この夏は、2つのお祭り会場で、防災教
室を行いました。7月末の小名浜海遊祭の
親子防災教室では、2日間で約200人の親
子の参加がありました。8月7、8日は平
七夕まつりで、クイズやゲームで学ぶ防災
体験プログラム「防災教室inいわき」を行
い、2日間で約300人の方に参加いただき
ました。

　七夕まつりでの「防災教室inいわき」の
様子です。
　いわき駅前で、5つの防災体験プログラ
ムと1つの防災工作を行いました。
　5つのプログラムは、（1）で紹介したも
のです。そして、防災工作は、数滴の水で光り続ける不思議ライト「アクモキャ
ンドル」の組み立てです。
　子どもたちは、自分の好きなプログラムから体験していきました。スタッフは、
NPO法人の方、市の職員、学校の先生など様々でした。
　子どもたちの一番人気は「水消火器体験」でした。これは、どの学年でも人気

で、初めて消火器に触れ、使い方がわかったと好評でした。

「バケツリレー」は、実際に体験すると、声を出しテンポ良くやることや、メンバーを見て水の量を加減するなどの、心遣い、思いやりが生まれました。

「なまずの学校」では、決断力と災害時に100点満点の答えはないことを学び、その時々に近くにあるもので使えそうなものを選ぶことが一番良いことを知りました。

「毛布でたんか」では、はじめは毛布で運べるのだろうかと不安気味だった子どもたちも、端を丸め、棒状にすることで持ちやすく運びやすいことを体験しました。そして、運ぶときの声掛けも学習しました。

「身近なもので応急手当」では、一週間前の小名浜海遊祭に参加した子どもがお父さんに、手順を思い出しながら、応急手当をする姿がありました。完璧にできたと、担当者も驚いていました。もちろん、お父さんも大喜びだったそうです。

「アクモキャンドル」は、「水だけで電気が起こせると、どんなところで使えるのだろうか？」と考えてもらいました。子どもたちは災害の現場だけでなく、高い山の上や世界でも電気の通っていない地域に思いを馳せました。製作に入り、うまく組み立てることができ、水につけると電気が起き、明かりが点灯したときの顔はとても輝いていました。

アンケートの結果を見ると、幼児から中3までの参加があり、9割以上の子どもたちが「楽しかった。」「来年も参加したい。」と回答したように、大変好評でした。

そして、いつも気付かされることは、子ども以上に「勉強になった。」と答える親がとても多いということです。子どもの姿に満足する親だけでなく、大人も十分に満足し、楽しめる内容だったようです。

3　成　果

さて、この防災体験プログラムを学んだ子どもたちの変化を見てみます。

今、自分に自信が持てない子どもが、諸外国に比べ、日本では多いと聞きます。自尊感情と言われているもので、その自尊感情が低いのです。

しかし、この防災体験プログラムを学んだ子どもたちは、
「災害時、今日覚えたことをやってみたい。」
「将来、もし災害が起こったら、お手本となりたいです。」
と、話しています。自分が、人のためになることを学んだことで自信を持ったと考えます。

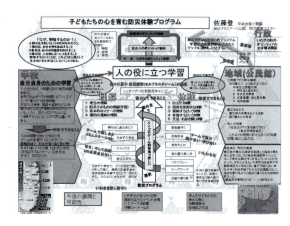

そして、子どもたちが大人になったとき、多くの子どもたちは、全国、さらに全世界に飛び立ちます。世界中で災害は起こっています。もしかすると災害に直面するかもしれません。その時は、大人となった子どもたちが、リーダーとして支援ボランティアに取り組んでくれるはずです。

また、子どもたちは1年間で約200日学校に通います。200日間学校で勉強するのです。その勉強は、誰のための勉強でしょう。そのほとんどは、自分のための勉強です。

それに比べて、この防災体験プログラムは、ほんの僅かな時間です。けれども、この防災体験プログラムは、人の役に立つ学習なのです。僅かな時間かもしれませんが、自分のためではなく、人のための勉強といった点では、とても大きな価値があると私は思います。

4　終わりに

昨年の夏、独立行政法人国際協力機構（略称JICA）の福島県教師海外派遣研修で、地球の裏側にある南米のボリビア多民族国を10日間の日程で訪れました。

私は、最終日に首都ラ・パスの小学校で、授業を行う機会を得ました。ボリビアの子どもたちに、通訳を介して、プロジェクタを使いながら、日本のこと、福島のことを説明し、東日本大震災での被害の実態を報告したり、ボリビアからの支援に御礼を述べたりしました。そして、授業の後半に防災体験プログラムの「なまずの学校」と「毛布でたんか」を行いました。

「なまずの学校」は、通訳を介してでしたが、けがをして動けない人を運ぶ道具として、身近なものの中からどれを選ぶか考えてもらいました。案の定、毛布という答えはほとんどなく、毛布が一番良いという答えに子どもたちは驚いてい

ました。
　次に、代表の子を選んで、実際に「毛布でたんか」を体験してもらいました。はじめは、毛布をそのままつかんで持ち上げます。子どもたちは、「重い」と言います。次に、毛布の端をくるくる巻いて、棒状にします。その部分を順手で持ち、そのまま持ち上げると軽く持ち上がることを体験できました。大成功です。

　「毛布でたんか」を体験したボリビアの子どもの感想です。
　「万が一、救助が必要なことがあったら、僕がまわりの人に教えられるようにしたい。」
　まさに、日本の子どもたちと同じなのです。

　10年前に阪神・淡路大震災の教訓から生まれた防災体験プログラムは、いわき市だけでなく、福島市など県内はもちろん日本全国に広がり、さらには海を渡りフィリピンなどの東南アジア地域や南米チリなど世界に広がっているそうです。
　これまでの私たちの活動により、いわきの子どもたちの防災に対する心や意識が少しずつ育っています。今後さらに、いわきの子どもたちの『生きる力』を高めるよう、子どもたちの未来のために、歩みを止めず、進んでいきたいと考えています。

09 関東・東北豪雨を経験して

茨城県常総市立鬼怒中学校PTA　大塚芳克

> **PTA**　茨城県常総市立鬼怒中学校PTAは会員184名。本部役員・学年役員・成人教育委員・広報委員・校外指導委員・環境整備委員で構成。「明るく、楽しく、たくましい子ども達の育成に向けてサポートするPTA」を目指して、ふれあいを大切にした活動をしている。

1　災害概要

平成27年9月7日から10日にかけて、関東地方北部から東北地方南部を中心とした地域では、台風17号、18号の影響で線状降水帯が次々と発生し、激しい豪雨が続きました。特に鬼怒川上流の日光市では、総降水量645.7mmという記録的な大雨を観測しました。

写真1

常総市若宮戸地区では、9月10日早朝に市内を流れる鬼怒川の堤防から越水が始まり、更に12時50分には三坂地区で堤防が決壊し、直下の住宅が押し流されるなどの甚大な被害が発生しました。翌日には市内の約3分の1が浸水するという未曾有の大水害となり、鬼怒川が氾濫するとは思ってもみなかった住民の多くが逃げ遅れ、ヘリコプターで救出される人が相次ぎました。

この水害による常総市の人的被害は、死亡2名、負傷者44名、住家被害は、8,267件に及んでいます。また、19校ある市内の小中学校の内、4校で床上浸水の被害に遭い、再開までに最大約2週間を要しましたが、幸いにも小中学生を含めた子ども達に被害はありませんでした（写真1）。

今回の水害では、全国から義援金や救援物資など多くのご支援をいただきまし

て、ありがとうございました。紙面をお借りして御礼申し上げます。

2　災害時の行動

　9月10日、若宮戸地区においては深夜から避難勧告が出ており、周辺でも警報や注意報が出ていたため、市内すべての小中学校では休校の措置が取られていました。と同時に、保護者の多くも仕事を休んだり、早めに帰宅するなどしていたため、安否確認等においては混乱を避けることができました。

　水海道地区にある私の自宅は、決壊場所から約6.3km南に位置しているため、決壊後も「まさか、ここまで水は来ないだろう」と予想していました。しかし、堤防の天端まで蓄えられた一級河川・鬼怒川の水量は私の予想をはるかに超えるものであり、その日のうちに濁流が自宅まで押し寄せました。

　当時、やはり「ここまで水は来ないだろう」と考えていた妻や子ども達は、しばらくは自宅で様子を見ていました。3km先まで水が迫って来ていると分かったのは、決壊から3時間が過ぎた頃。慌てて避難準備を始めるも、既に鬼怒川を渡る橋は通行止めで、反対のつくば方面に向かう道路は避難する車で渋滞していましたが、何とか無事に避難所までたどり着きました。

　地元の消防署に勤務している私が家族と再会できたのは、それから3日後のことでした。

3　災害の教訓

水害という想定外の経験から見えたこと、感じたこと。

（1）避難について
・住み慣れた我が家を離れたくない、愛犬がいる、子ども達にストレスを与えたくない等の理由で、自宅から避難することに抵抗を感じた人が多かったようです。
・空き巣対策のため、自宅（2階）に留まった人もいました。
・常総市では、つくば市との境を流れる小貝川が昭和61年に氾濫しているため小貝川に対しては危機感がありましたが、鬼怒川が氾濫することは想定外だったため、避難が遅れた人が多かったようです。
・市の避難勧告の連絡は届いていましたが、最終的な判断は自宅に居た家族によるものが多かったようです。

第 1 章　災害からの学びと教訓

- 自宅近くの避難所が相次いで浸水域に入ってしまい、避難先に迷いが生じたようです。
- 地域によっては、避難までに多少時間的余裕があったため、残していった物品を高いところに移動するなどして、被災品を抑えられた者もいました。

(2) 家庭について
- 自宅が水害に遭うことなど考えていなかったため、災害時の対応については家族で十分な話し合いがされていなかったようです。
- 学校への子どもの迎えがあった場合は、対応が遅れていたと思います。
- 床下浸水など直接的な被害が小さくても、停電や断水でトイレが使用できないなど、ライフラインが使えない影響は大きかったです。
- 飲料水の備蓄や懐中電灯などの非常用持出品の準備はしてありましたが、食料などの備蓄はしていなかったようです。
- 防災について、市や学校任せの感が強く、自分で対応する意識が薄かったようです。

(3) 学校について
- 市内の小中学校19校の内、4校が床上浸水の被害に遭い、学校再開までには最大約2週間を要しました。
- 子どもは全員無事でしたが、未曾有の大水害を経験し、情緒が不安定になる者もいました。
- 早期から専門家によるカウンセリングを実施しました。
- 避難先（遠方）からの通学を余儀なくされる者もいました。
- 制服や体操服、教科書類が被災して不揃いになるなど、授業の統一性に支障が出ました。
- 通常の防災訓練は、火災や地震についての訓練であり、水害の訓練は行っていませんでした。

(4) 情報収集について
- 避難勧告や警報、避難所情報は、市の広報車や防災無線で提供されていましたが、豪雨の中で聞き取り難い状況もありました。
- 緊急時どこで情報を得たらいいか、とっさの判断は難しいです。
- SNS を用いてリアルタイムに情報交換をしている人が多かったようですが、一方では間違った情報が拡散する恐れもあり、メディアリテラシーの必要性

を感じました。

4 災害からの学びと今後の対応

今回経験した未曾有の水害は、いかに事前の備えが重要かを私たちに教えてくれました。①家庭では、避難先や避難経路、家族間の連絡方法など、常に情報を共有しておくこと、②学校では、火災や地震だけでなく、水害も想定した訓練を行うこと、③児童の引き渡しや登下校についても考えておくこと。そして、何よりもまず大切なのは、私たち一人ひとりが防災意識を高めることです。

本年9月1日、市内の小中学校では水害を想定した防災訓練を一斉に実施しました。昨年の関東・東北豪雨で堤防が決壊した地域の鬼怒中学校では、地元の消防団、地区母の会、保護者等が来校し、中学2・3年生と茨城大学の学生が協力して、防災ゲーム「クロスロード」を行いました。「クロスロード」とは、災害時を想定した問題点に対して自分だったらどう考え、どう行動するか、「はい」か「いいえ」で意思表示をし、その理由を伝え合い自主性を育むものです。問題の後には、市の洪水ハザードマップを使って、自宅周辺の浸水想定区域や近くの避難場所を確認しました。

「クロスロード」を体験したことで、家庭でも防災について話し合うことができ、自分で自分の身を守れる逞しい子どもを育成する一助になったと感じています。

また、校舎が被災した玉小学校では、5・6年生が隣接する幼稚園に園児達を迎えに行き、校舎2階まで避難誘導しました。年少児を小学生がおんぶして避難するなど、助け合うことで子ども達の健全な共助の心が育まれました（写真2）。

そしてもう一つ、今回の水害で改めて感じたことは、「私たちは、多くの人のお世話になりながら生きている」ということです。

写真2

我が家は、両親と妻、子ども2人（長男：高3、次男：中2）の6人家族で、水害時には、私を除く5人がおよそ1週間の避難所生活を送りました。当初は、慣れない生活に大きなストレスを感じていた子ども達も、次第に落ち着きを取り戻すと、状況を客観的に理解できるようになり、自

分たちがたくさんの人のお世話になっていることに気付いたようでした。避難所生活を終えて自宅に戻った時、「今回の水害で、何か思ったことはあるか？」と次男に尋ねると、「いろいろな人にお世話になった」と真っ先に答えました。1週間ほどの避難所生活でしたが、今後の人生に大きく役立つ貴重な経験だったと感じています。

　私が所属する鬼怒中学校区でも、私を含め多くのPTA会員が被災しました。自宅が床上浸水の被害を受けた親しい先輩家族は、被災から1年以上経った今もなお仮住まいをしていますが、それでも落ち込むことなく明るく前向きに生きる姿に、逆にこちらが励まされています。改めて、このような人達と一緒にPTA活動ができることを誇りに思います。人は非常事態になると本当の心根が表れると思いますが、PTAの仲間達は自宅が被災して大変な時でも、仲間や学校、地域のことを心配し、お互い励まし合っていました。本当に嬉しく思いました。

　そしてそれは、子ども達も同じでした。昨年は、水害の影響で市内小中学校の体育祭、運動会はすべて中止となり、「せめて文化祭だけでも…」との先生方のご尽力のおかげで文化祭が開催されました。当日、子ども達の合唱や演技には、支えてくれた人々への感謝の思いが溢れていて、水害を乗り越えた逞しい姿がそこにはありました。我々PTA本部役員も、模擬店で子ども達にあたたかい豚汁を提供できました。豚汁を笑顔で口いっぱいに頬張る子ども達を見て、安心したのを覚えています（写真3）。

写真3

　今度の水害で失ったものは決して少なくありませんが、代わりに得られたものもとても多く、市民やPTA同士の絆は更に深まったと感じています。水害後、市内では復興に向けた様々なイベントが数多く開催され、多くのPTA会員も参加協力しています。先日は、PTA有志を募り今年8月に豪雨被害のあった岩手県内へボランティア活動に出向きました。これからも、私達ができることに積極的に取り組んでいきたいと考えています。

　終わりに、常総市PTAは今後も会員一丸となって水害からの復興に努め、「明るく、楽しく、たくましい」子ども達の育成に向けて、全力で活動していきます。

10 紀伊半島大水害（平成23年台風12号）

和歌山県PTA連合会　山崎和典

1　紀伊半島大水害（平成23年台風12号）とは

　平成23年8月25日に発生した台風12号は、9月3日午前10時前に高知県東部に上陸し、9月4日午前3時に鳥取県から日本海に抜け、その後、温帯低気圧となった大型の台風で、長時間にわたり広い範囲で大雨が続いたことから、死者・行方不明者98人、土砂崩れによる河道閉塞（土砂ダム）が17箇所も発生するなど、和歌山県・奈良県を中心として全国に大きな被害をもたらし、「紀伊半島大水害」と呼ばれています。

　また、この台風による雨は、紀伊半島を中心に広い範囲で1,000mmを超え、多いところでは年降水量平年値の6割に達し、紀伊半島の一部の地域では解析雨量で2,000mmを超えるなど「紀伊半島豪雨」とも呼ばれています。

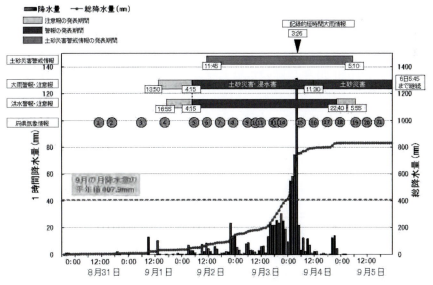

出典：災害時気象速報（平成23年11月28日・気象庁）

　台風12号で和歌山県と奈良県・三重県を流れる熊野川の水位は、和歌山県新宮市相賀の観測所で最高で18.77mに達し、昭和の3大台風の一つである伊勢湾

台風（1959年）の時の 16.4m を上回りました。

2　過去の災害と防災対策の効果　～万全な対策はない！～

　年間降雨量 4,000mm を超す日本有数の多雨地帯を貫流する熊野川は、過去にたびたび大水害が発生し、中でも、明治 22 年 8 月の水害は甚大で、全国に約 3,000 社ある熊野神社の総本山で、ユネスコの世界遺産「紀伊山地の霊場と参詣道」の登録地点である熊野本宮大社は、当時、熊野川の中州にあった社殿が大きな被害を受け、現在の山の上に社地を移しました。また、奈良県十津川郷の 600 戸、約 2,500 人が、住み慣れた村を離れて北海道に移住し、新十津川村ができました。

　その後も水害が発生し、昭和 28 年の大水害では、本宮大社前の町筋がほとんど流されるという被害が発生したことで、多くの世帯が高台に住宅再建を行い、また、行政では堤防建設等の対策を講じてきました。昭和 30 年代から熊野川上流で電源開発のダム建設が始まり、「ダムが川の水をせき止めてくれるだろう」と安心する住民もいましたが、平成 2 年に 102 戸が床上浸水する被害が発生し、これまでの対策に加え、河床を 1 ～ 3 m 下げる河床整備事業などの対策も講じてきました。にもかかわらず、台風 12 号の被害は、明治 22 年の大水害以来の大きな被害となりました。

3　台風 12 号の避難行動　～油断は禁物！～

　和歌山県は、昭和 26 年以降の台風上陸数が 22 回で、鹿児島県の 40 回、高知県の 26 回に次ぐ全国第 3 位です。上陸しなかった台風を含め、台風の脅威には毎年のようにさらされており、台風に対する住民の防災・避難行動は、それぞれの経験に基づいて行っていました。また、熊野川流域の住民は、過去に浸水被害を受けていましたが、近年、水害を経験していなかったこともあり、「いつもの台風より雨がよく降るな」と感じつつも、「ここまでは来ないだろう」という根拠のない安心感から、車は高台に移動させていましたが、避難の準備や家財道具を 2 階に上げるなどの対策を講じていない住民もいました。

　台風 12 号の降水量を見てみると、9 月 3 日の午後には大量の雨が降り、熊野川の水位が上昇し始め、避難を始めた住民もいましたが、夜半にかけて降水量は減少傾向でした。しかしながら、9 月 4 日の深夜から朝方にかけて、それまでの降水量をはるかに凌ぐ集中豪雨に見舞われ、朝起きて気付いた時には浸水してしまっており、避難が遅れる結果となりました。

この地域は、平成17年の市町村合併までは、旧本宮町の中心部で、本宮行政局となった旧本宮町役場、本宮消防署、本宮保健福祉総合センター（うらら館、さくら診療所）、本宮郵便局などがありましたが、9月4日の朝の段階で、本宮行政局は床上80cmの浸水、本宮消防署も1階が浸水、本宮保健福祉総合センターも浸水し、指定避難施

設あるいは災害時の拠点機能を果たせない状態になっていました。仕方なく、近隣の高台で浸水被害を免れた本宮中学校に多くの避難者が集まることとなりました。

4　本宮中学校の果たした役割　～状況に応じて臨機応変に！～

本宮中学校では、東日本大震災を受け、避難施設としての開設マニュアルを作成していました。その中で、避難所開設時には体育館だけ開放することになっていましたが、結果として、保健室、調理室、視聴覚室、大会議室も開放することとなりました。保健室は、派遣されてきた医師の仮設の救護所となり、24時間体制で初期診療を行いま

した。調理室は、停電・断水状態にも関わらず、給食用に備蓄していたお米を使い、少しの梅干を入れたおにぎりや味噌汁の調理に使われました。視聴覚室は、精神的なケアが必要であると判断された住民の避難所として利用しました。大会議室は、本宮行政局の指示により、土石流で亡くなった方の遺体を警察が検視するまでの間安置するため、一時的に利用されました。

他にも、自衛隊ヘリによる救援物資を被害直後の河川敷から運び上げることは労力的に厳しいとの判断から、本宮中学校の運動場に着陸させ、リレーで体育館に運び込み、そこを拠点として各地区へ物資を届けました。また、牛丼チェーン店の移動調理車やボランティア団体の活動拠点、携帯電話会社の移動基地局の設置場所にもなりました。

学校への負担軽減と学校教育の正常化のため、9月14日に避難所を閉鎖しましたが、この間、生徒たちは、ボランティア活動に取り組んだり、体育館に避難している高齢者の話し相手になるなど、自分たちが現在（いま）できることを見つけ、積極的に行動しました。

5　終わりに　～災害から生き延びるために！～

　田辺市の子どもたちは、東日本大震災、紀伊半島大水害と立て続けに自然災害の脅威を目の当たりにし、自然の猛威に対していかに人間は無力かということを学びました。また、群馬大学の片田敏孝教授が釜石の子どもたちに教えていた『避難の三原則』の「想定にとらわれるな」、「最善をつくせ」、「率先避難者たれ」を実践することがいかに大切かということも学びました。

　その一方で、学校は単なる避難所というだけでなく、災害拠点として複合的な役割を果たすことができるということを発見しました。

　現在、田辺市では、片田教授の指導を受け、学校の立地する条件により、南海トラフ巨大地震とそれに伴う津波が想定される「沿岸部」、大量の雨による河川の氾濫が想定される「中山間部」、土砂災害が想定される「山間部」に分け、それぞれの地域にあった防災教育実践集や防災教育の手引きを作成し、中学校では1・2・3年、小学校では低・中・高学年ごとに防災教育を行うようになっています。

　子どもたちの防災に対する意識向上が、家庭での防災意識の高揚につながり、子どもたちが大人になったとき、正しい防災意識を持ち、いろいろな自然災害にも対応できる力をつけ、災害から生き延びてくれることを願ってやみません。

11 「自然災害から子どもの命を守る取組」

神戸市立長田中学校 PTA　山口雅之

> **PTA**　神戸市立長田中学校 PTA は会員 350 名。本部役員・愛護部・広報部・文化厚生部・学年代表で構成され、「地域と共につくる長田中学校」をスローガンに、子どもたちが安心・安全に過ごせる環境づくりを心がけて活動している。

1　阪神大震災で甚大な被害に見舞われた地域だからわかる防災の必要性

　神戸市長田区が阪神大震災で業火に見舞われた地域であることは、メディアを通して広く知れ渡っています。私が阪神大震災の経験者、平成 26、27 年度長田中学校の PTA 会長をさせていただけたこと、また地元の消防団員でもあり地域との連携や情報を共有しやすく「子どもたちの安心・安全」を考えるには好条件でした。

　長田中学校区には4つの小学校があり、阪神大震災で校区の大部分を焼失した地域と、今後起こると予想されている南海・東南海地震において津波の浸水地域に指定されている2校区を有し、子どもたちの安心・安全を考える防災は必要不可欠でした。

　自然災害において考えなければならないことは、身の安全の確保ですが、そのために重要なことが地域との連携です。連携がうまくいかないと、「どのような経路で」、「どこに」避難をするか速やかに把握できません。そして一人でも多くの生命を守ろうとすると、地域の若者の力が必要になります。若者の育成と防災意識を高めることが、これからの超高齢社会においてもなくてはならないことだと考えています。

　防災に関するアイデアや道具、避難経路に至るまで、大人では考えつかないような発想ができるのも子どもたちではないかと思います。さらに震災以降、「防災福祉コミュニティー」が一番に発足した地域でもあります。

第1章　災害からの学びと教訓

小学校単位、中学校単位で行われている活動及び、PTAと地域が行っている活動を紹介します。

2　地域と連携した防災活動

① 長田中学校区の小学校の実践
○真野小学校

　中学校区の南東部に位置し、沿岸部を校区に持つ真野小学校では、津波避難を中心とした合同避難訓練を実践しています。平成27年度は校区内の3校園（西神戸朝鮮初級学校、しりいけ保育所、たから保育園）の児童、園児と合同で長田中学校のグラウンドを目指した水平避難訓練を実施しました。長田消防署の協力のもと、教職員・保護者が避難路の安全を守る中、児童、園児の避難訓練が実施されました。

　また、平成23年度からは神戸学院大学社会防災学科と連携した児童の防災教育にも取り組んでいます。

○真陽小学校

　中学校区の南西部に位置し、真野小学校と同様に沿岸部を校区に持っています。毎年、阪神淡路大震災が起きた1月17日に、防災福祉コミュニティーと連携した児童向けの防災教育を実践しています。平成26年度には「震災20年真陽防災の日」として、地域・保護者が協力して防災教育の発表を行いました。

　また、関西大学社会安全学部の協力を得て、毎月1回、給食時に防災・減災に関する校内放送を実施しています。放送番組を5～6年生の児童と大学生が内容を考えて作る取り組みは、児童の防災意識を高めることにつながり、現在は防災に関する放送ドラマの制作に力を入れて取り組んでいるところです。

○長田南小学校

　中学校区の中心部に位置し、阪神淡路大震災後の平成10年、神戸市立神楽小学校と志里池小学校が合併し新設された小学校です。震災当時、両校ともが大勢の避難者の避難所となっていました。毎年1月17日を学校公開デーとし、地域や保護者に防災学習を公開しています。また避難所運営をした経験から、炊き出し体験を実施し、合併によって再構築が必要となった地域の防災活動のつなぎ役として連携強化に努めています。

○御蔵小学校

　校区の北東部に位置し、阪神淡路大震災において、校区の南方は大火災、北方は建物の崩壊、損壊で甚大な被害を受けた校区です。当時の全児童290名の

うち、震災後も自宅にとどまれた児童はわずか10名で、大半は避難所となった小学校か市外へ避難するといった過酷な生活を強いられることになりました。

　まちづくりに一から取り組んだ歴史があるため、「地域の公園の名前の由来」「避難リュック」「防災公園のひみつ」「災害弱者について考える」「防災・いのち」「被災した御蔵の先輩に学ぶ」といった内容での防災教育をカリキュラムに位置づけ、保護者や地域の方々の協力を得て、大震災を風化させない取り組みを継続しています。

　毎年1月17日には、防災学習、防災訓練、追悼集会を一体化した「震災の集い」を計画実践しています。

②　中学校の実践
○避難訓練

　各小学校で様々な防災教育を受けてきた生徒たちは、ある程度の防災意識をもち入学してきます。本校の避難訓練は火災避難・地震避難から津波避難の二つの災害に焦点を絞り毎年実施しています。火災避難ではより実践的に、生徒だけでなく火災発生からの職員の連絡体制、現状把握、避難指示の動きも明確に定め、より生徒を安全に避難させる訓練を実施しています。

　また地震・津波避難では、地震発生後のシェイクアウト訓練から職員による避難経路の安全確認訓練、そしてグラウンドへの一斉避難と訓練が続きます。さらに、その後の津波到達の情報を知り、校舎4階への垂直避難を実施する流れとなっています。

○防災リーダーの育成

　生徒会の本部役員を中心に、防災に対するより深い理解を促そうと、平成26年度には阪神淡路大震災を体験し、地域の自治会活動に取り組む地域住民の方に、震災の惨禍を聞き取る活動を実施しました。その様子は長田区のコ

ミュニティーFMラジオ「FMわいわい」で収録・放送されました。

また、平成27年度には長田区中学校PTA連合会による、東日本大震災の被災地を訪問し防災を学ぶ旅に15名のリーダーが参加し、被災地の現状を視察するとともに、今後の地域の防災について考える機会を持ちました。

○地域連携

3月上旬、3年生の卒業を前にして4小学校校区の青少年育成協議会をはじめとした各地域団体の力を借りて、「3年生を送る会」として盛大にもちつき大会と炊き出し体験を実施しています。各団体が保管する杵・臼をはじめとしたもちつきの道具一式を借り受け、全クラスが一斉にもちつきを実施できる場を準備し、地域の方々のアドバイスの元に行っています。

同様に地域から借り受けた大鍋を使って、本校PTAが中心となり、全校生分の豚汁の炊き出し体験も実施しています。大きな災害時には必要不可欠である「人の絆」を体験する絶好の機会となっています。中学生・子育て世代の保護者・震災を語り継ぐ高齢者が一堂に会して、中学校を巣立つ卒業生を送り出す行事は、阪神大震災で大きな被害をうけた本校校区の重要な地域連携の場となっています。

3　一体となった取り組みと課題

今年の新たな取り組みとして、長田区の防災訓練において津波の浸水地域に指定されている地域が、どのルートを通り、どれぐらいの時間で避難場所に指定された場所に向かえるか、また避難した場所で子どもたちをどのように引き渡すかの訓練も行われています。

一昨年、阪神大震災を経験していない生徒会の子どもたちを連れ岩手県釜石市を訪れたとき、想像を絶する光景を目の当たりにし言葉が出ませんでした。

さらに、翌年にも長田区PTA連合会

として宮城県石巻市、女川町を訪れましたが、子どもたちが発した言葉は「津波で流されて何もない」という言葉でした。想像をはるかに超える水の威力と脅威を目の当たりにした子どもたちが、地元の方々に様々な教訓などを教えてもらっていました。この旅に参加した子どもたちなら、きっと貴重な体験を活かし、訓練を重ね災害時には最善の経路や場所を判断してくれるであろうと思いました。

時に子どもたちは、大人が考えつかないような柔軟な発想でアイデアを出してくれます。経験したことや学んだことを風化させないために、どのように継承していってくれるのか。さらに将来、地域にどのように貢献してくれるのか期待を胸に見守りたいと考えています。

第1章　災害からの学びと教訓

12　PTA防災プロジェクトチームの「委員会」の立上げ

広島市PTA協議会

1　嫌な予感

　平成26年8月19日21時頃、広島市東区の福木中学校での出前講座が終わろうとしていた頃、突然、大きな雷と共にバケツをひっくり返したような激しい雨が降り始めました。まさか、これが約2年間にわたる壮絶な日々の始まりとはだれ一人思わなかったでしょう。福木中学校から自宅まで、普段であれば40分で到着するはずが、フロントガラスに打付ける激しい雨に前方確認もままならず、そして、市内のいたるところでは信号が消えていたので、かなり遅い帰宅となりました。いつまでも降り続く激しい雨に嫌な予感がしたことは言うまでもありません。

2　何をどのようにしていくのか？

（1）現状把握の難しさ
　このように激しい雨が長時間続く状況は今までに経験したことがなく、私はすぐさま三役および事務局へ、可能な限りで構わないので、被害状況の確認を指示しました。翌日、被害状況を報道により知ることになるのですが、それは想像をはるかに超えるものでした。土砂により山肌はめくれ、町中に土砂が流れ込んでいる状況に、何もできないという気持ちが先立ちました。そして、災害状況が報道されると、各県市PTA協議会や元市P協役員そして多くの団体・個人の方々よりお見舞いと支援の協力依頼が寄せられました。そして、安佐南区P連会長、安佐北区P連会長からは現場が混乱しており被害状況の把握は困難であるが、各単位PTAの被害状況を確認していくと連絡がありました。また、広島市PTA協議会副会長は災害発生から何度も被害の大きい梅林小学校へ行き情報収集するものの避難所は混乱し、日々の対応に追われるばかりで、情報収集は困難を極めました。
　情報収集と同時に、三役と事務局で今後の方針について協議を重ね、山口県PTA連合会へも災害支援の方法について相談する中で、我々の支援したい気持

ちと実際の支援方法には大きなひらきがあることが分かって来ました。このことは、後述することといたします。

(2) 災害対策特別委員会の発足
　様々な団体や個人からの協力依頼がある中、現状の把握がままならない苛立ちと、何とかしなければならない焦りを感じながらも、豪雨災害発生から8日後の8月28日、8P区会長および広島市PTA協議会三役による合同会議を開催し、広島市PTA協議会副会長を委員長とする「災害対策特別委員会」を立ち上げることとしました。この会議で決まったことは①災害対策特別委員会の立上げ②災害支援として募金活動を行うため、東日本大震災募金活動の当面の休止③災害見舞金募金活動を行うこと、ただし災害日の認定、二次災害について、見舞金金額、支給方法等の災害に係る全ての事案は災害対策特別委員会にて協議を行い決定することで合意を得ました。

(3) 思惑の違い
　災害対策特別委員会での協議の中、市P協全体で支援したい意向がある中、被災した安佐南区P連は単独での支援を行う気持ちが強く、各単位PTAからの支援物資や募金を、直接梅林小学校や被害の大きい学校へ届けたいとの思いがありました。当然、市P協としても各団体や個人、そして市内の各単位PTAからの支援物資や募金を、直接学校へ届けるつもりでした。しかし、PTAが学校へ物資や募金を送ることには困難が生じることが分かり、何とも言えない気持ちになりました。

(4) とりあえず現場へ行こう
　支援物資や募金の協議をすると同時に、副会長が現地状況の確認を継続した結果、梅林小学校が夏休み明けの9月8日に授業を再開することになり、9月7日に校内の清掃活動を行うとの情報を得ました。約200人のボランティアが必要であるので、8区からそれぞれ20名程度の動員をお願いし、広島市PTA協議会として165名のボランティアが参加しました。混乱する被災地域に対して、何かをしたいという気持ちの第一歩が踏み出せた思いでした。

3　方針決定後はすんなり？

（1）温度差は歴然
　梅林小学校での清掃活動後も三役会を開催し、被災状況を常に情報提供していただき、三役会にて募金活動の方向性を決定していきました。清掃活動にて広島市PTA協議会として支援への気運が高まり、募金活動まで一気に推し進められる状況と思っていた矢先の、9月23日の第1回災害対策特別委員会では、被害状況の把握方法、募金活動を行うこと、対象者の選定、募金期間等、三役会で決定した災害対策特別委員会の提案を受け入れてくれるであろうと思われたにも関わらず、被災地の区Pと、被災していない区Pとの温度差は歴然で、また、会議出席者への情報共有もできていなかったことから、基本的な部分での決定にかなりの時間を要してしまいました。このままでは前に進まない…会議議事録の作成はもちろん、前回までに決定した内容を会議開催の冒頭で意思統一する事など決定し、9月26日から12月26日までの3ケ月間に、広島市8.20豪雨災害により災害を受けた、広島市立公立小中学校単位PTA会員の児童生徒および教職員への災害見舞金募金活動を行うことに決定しました。この頃には、単独支援を考えていた安佐南区P連も広島市PTA協議会の考え方に賛同していただき、平成27年1月末には見舞金をお渡しできるよう、方向性が見えてきました。

（2）嬉しい誤算
　見舞金募金目標金額、見舞金対象者、見舞金金額、見舞金受け渡し方法等、多岐にわたる懸案を解決し、募金活動を開始、年末までの募金活動を終え、いざ支給手続きに入ろうとした矢先、他都市等から募金の申し出があることが判明しました。この事は、善意である以上、お断りすることはできず、見舞金受け渡し時期や受け渡し方法に影響することは明らかであり、平成27年1月末の見舞金受け渡しは延期せざるを得ない状況となりました。最終的には、1千万弱の募金が集まり、死亡見舞金金額100,000円、住家被災見舞金金額47,000円を被災された208名の方に、平成27年3月30日までにお渡しすることができました。

4　成果と課題

（1）成　果
　見舞金募金活動を行い、適正に配分できたことには一定の成果が得られたものと考えています。ただ、これを成果と呼んで良いものでしょうか。できればこの

ような対応をしなくて済む、災害に強い町作りをハード面、ソフト面を行政で対応していただきたいと思っています。それでもなお不足する部分を我々PTAが補うことで、より手厚い支援が実現できるのではないでしょうか？　今回はPTAが直接行政と絡む場面はありませんでしたが、広島市PTA協議会の副会長である校長先生を通じて被災状況や被災支援方法等をご教示いただけたことが、見舞金を適正に配分できた成果の基礎であったといっても過言ではないと思います。また、早急な災害対策特別委員会の設置、副会長である校長先生からの行政側の情報収集、広島市PTA協議会独自の情報収集は、初めて直面する、今回の災害対応においては有効であったと思います。

（2）課題

　年中行事とは異なる災害発生への対応を初めて経験させていただきました。成果の項目にも記載しましたが、できればこのような対応はしたくないものです。そして、本当にこれで良かったのか？　もっと違う方法での支援があったのでは？　もっと違う支援の要求が掘り起こせたのではと考えると、この辺りが今後の課題になると思われます。ただし、これらの課題を解決するためには①災害対策特別委員会設置の迅速化、②早期の情報収集、③支援方針決定の迅速化等、様々な課題への早急な対応が求められます。今回の災害においても、各種団体の皆さんがタオル等の支援をしてくださっているのにも関わらず、広島市PTA協議会では委員会の設置もできていない状況でした。組織が大きいが故に小回りが利かないのです。そのため、そこは早目の支援方針の決定が必要であり、常日ごろからの三役、事務局、区P会長との意思疎通が必要と感じました。

5　終わりに

　今回の災害支援に関しましてご協力いただきました多くの皆さまに感謝申し上げますと共に、これからもご支援賜りますよう宜しくお願いいたします。

第1章 災害からの学びと教訓

13 自然災害の体験談、そこからの学びと未来への教訓〜熊本地震に学ぶ〜

熊本県PTA連合会　前事務局長　叶　貞夫

> **PTA**　熊本県PTA連合会は、会長をはじめ、副会長4名、会計理事1名、理事17名、監事2名の各郡市代表で構成される理事会を毎月1回開催し、運営されている。熊本県内のほとんどの市町村（政令市熊本市と一部を除く）の小・中学校のPTA団体が加入し、平成28年度の会員数は72,717名。
>
> 　会員やその子どもたちが多くの被害を被った熊本地震があった昨年（2016年）は、全国からたくさんのご支援をいただき、深く感謝しながら、復興とPTA活動の充実に向けて力を合わせて頑張っているところである。

1　忘れないうちにやってくる災害

　「災害は忘れたころにやって来る」という言葉は、子どもの時にも聞きましたし、このごろも何度も耳にしたように思います。そういえば、たまたま講義を受けて熊本城や熊本の観光スポットについて学び、講座終了後に「熊本観光ボランティア・くまもとよかとこ案内人」の新米ガイドの一人として、熊本城の北側にある通称「百間櫓」の下で、「百年以上も昔の明治時代（正確には明治22年、1889年、127年前）には、この部分も大きな地震で甚大な被害を受けたのです。」と説明したのはついこの前のようです。築城以来400年以上にもわたって堅牢なる石垣に支えられ、みんなのシンボルとして仰ぎ見られてきた熊本城が、今回の2回の激震で、地震のことは皆のどこかに残っていたはずはないのに、その想像をはるかに超える揺れがあり、ここかしこと、元の姿とはかけ離れた様子をみんなの前に晒しているのを見るのは、誠に忍び難いことです。

一隅の石垣で支えられる
熊本城の櫓

5年半ほど前の東日本大震災の時は、たまたま赴任していたマレーシア・クアラルンプール日本人学校の卒業式の日で、午前中に無事式を終え（日本との時差1時間）、お礼のご挨拶に大使公邸を訪問しているとき、大使閣下から、「日本が今大変なことになっています。御覧なさい。」と大使の部屋のテレビ画面を指し示していただき、信じられず、呆然と立ち竦みながら、動揺が収まりませんでした。そこには、津波に押し流される家々や燃え広がる一帯の様子が映し出されていました。クアラルンプールから遠く離れた日本の東北地方で本当にこのようなことが、今現在起こっているのかと直ちには信じられない光景でした。

　さらに遡って、阪神・淡路大震災のとき、丁度その日県内の出張のため早起きをして、テレビをつけた画面に、神戸市内のいくつもの場所で火の手が上がり、燃え広がる様子や倒壊した建物・道路の状況もついこの前のことのように蘇ります。そう思いながらこの原稿を書いていましたら、今また鳥取中部での震度6弱の地震の報が伝えられています。少しでも被害が少ないことを念じながら詳細の報道を待ちたいと思います。

　「震災は、忘れたころにやってくるのではない」とついつい思ってしまうほど世界中でも災害が頻繁に起こっているとすれば、私たちは何を問われ、何ができ、何をしなければならないのでしょうか。

2　被災者になって思うこと

　平成28年は、3年間お世話になった県PTA事務局の仕事を3月末で退き、新しい4月を迎えていました。引き続きいただいた仕事は、やや緩やかな勤務で、毎日の勤務時間も短くなりました。いよいよ市民の一人としての生活が始まるのかという実感でした。その生活が始まってちょうど半月ほど経った日に、あの揺れの日が来ようとは夢にも思っていませんでした。

　4月14日（木）午後9時26分ごろ。その時私は入浴中でした。肩まで湯に浸かっていたら、突然浴槽の湯が動きだし、大波が発生しました。浴室全体がガタガタと揺れ出し、あまりの揺れの大きさに慌てながら、身づくろいをし、妻のいる部屋にいくと呆然として震えていました。私たちは、いろいろな家族の状況もあり、平成11年から現在の所に住んでいますが、150所帯以上が住む15階建ての集合住宅の9階部分にいます。後で聞きましたが、細い棒を立て、揺すってみると、長い棒はバランスを保つため、真ん中部分がもっとも大きく振れて、上の部分の揺れを抑えるようにできているそうです。全ての建物に当てはまるのかどうか、素人の私にはわからないことばかりですが、とにかくほぼ真ん中部分に相当する私たちの階は、

第 1 章　災害からの学びと教訓

揺れに揺れました。この揺れで室内のほとんどのものが倒れ、割れました。

さらには、ほぼ 1 日経っての 16 日（土）午前 1 時 25 分ごろの本震では、突っ張り棒でかろうじて立っていた残りの和ダンス、食器棚、ガラスケースのすべてが倒れ、中のものは粉々になり、ほぼすべてが割れて形を残さぬまでに壊れてしまいました。

一つだけ幸運だったのは、和ダンスの上半分は、優に 70 ～ 80kg くらいはあるものが詰まっていましたが、落下し、寝ていた妻の顔の横 10cm ほどで止まってくれていたことです。あと 20 センチも箪笥の角の部分が倒れ込んでいたら、多分妻の顔面と身体は血まみれになっていたことでしょう。運命の神様に助けてもらったとしか思えません。

真夜中の地震がいかに人を驚かせ、混乱・動転させるか言葉では言い尽くせません。揺れが収まったのを感じ、周りが手の付けられない状態であるのを知り、電気はつかず、ガスも止まっているのを見て、今回ばかりはすぐに非常階段を下りて近くの小学校に避難しました。すでに運動場にはたくさんの人たちが来ていました。そこでは、早く駆けつけられた地域の消防団の方々や自治会の世話役のみなさんがテキパキと動き回られ、お世話していました。その中に、この真夜中のこの時間に、この学校の校長先生と PTA 会長さんを見つけた時には、御苦労の有難さがひしひしと伝わり、感謝の気持ちで一杯になり、避難の緊張が一瞬和らげられたように思いました。結局は、運動場の真ん中ほどでは朝方の冷え込みに堪えられなくなり、開放されていた教室に移動して朝を迎えた次第でした。しかし、このときは熊本県そして大分県で、これまでに例を見ない、大きな被害をもたらしていたとは想像できていませんでした。

3　大きかった学校や避難施設の役割と貢献

一部前項でも述べましたが、今回の地震で大きな被害を受けた学校が多い中、自分の学校の一部は被災しながら或いは幸運にもほとんど影響を受けずに済んだ学校が、避難所として大きな役割を果たしたことは、保護者や地域の方々にも広く理解いただけたことでしょう。

新聞やテレビの報道で一部を見聞きしたり、知り合いを通じての情報で、完全に詳細を知らず、断片的でしかないところはご容赦いただきたいところですが、ある中学校では最初の余震のあと、いち早く学校に到着された教頭先生が、すぐに駆けつけてきた PTA 役員、市役所のスタッフや消防署の方々と力を合わせて、陣頭指揮をされ、その目覚ましい働きぶりが何度もテレビカメラで紹介されました。

他の学校でも、校長先生をはじめ多くの教職員が学校に集まり、その学校のPTA会長や地域のいろいろな団体の役員の人たちと力を合わせて、避難者のお世話をしていただいたことは、地域にある学校という建物の存在意義を大きく証明してくれたとも言えそうです。熊本市内のある学校では、毎日数百人の方がその学校に避難してこられ、それが被災後4か月ほど経った8月15日まで続いたそうです。特にその学校では、最初の余震から3日間、たくさん避難して来られた校区の人たちのため、24時間体制で、常時5人の職員が対応され、学校の教育活動とは別の機能を発揮し、避難して来られた方々のためにたくさんの尽力をされたと聞いています。その後も終業後から真夜中まで、真夜中から始業までと分担して避難して来られた方々のお世話をされたそうです。きっと地域の方々から、多くの安心と感謝の言葉が寄せられたのではと推察するところです。

　学校以外でも、多くの施設が避難所となり、たくさんの方々がそこに身を寄せられたことが報道されています。以前に同勤したことのある先生を、最も被害の大きかった地区の一つ、益城町の御実家に訪ねたところ、住んでいた家は全壊状態で立ち入り禁止の表示がしてありました。もしかしたら、一番大きなあの避難所にいるのではと、町の大きな体育館に行ってみました。その体育館にはたくさんの方々が避難していることが分かり、受付らしきところで、「知り合いがもしやこの体育館に避難しているのではないかと来てみたのですが…。」と尋ねてみました。何千人避難しているのか、あるいはもしかしたらどれだけいるのか推測できぬほどの多くの人で一杯で、「実はここにたくさん避難者がおられますが、何人いて、だれがいるかわからないのです。」という答えをいただきました。

　最初の大きな余震でたくさんの人が避難して来られ、1日置いての更に大きな本震のあとに来られた方々が加わり、「誰がおられるかを把握するのはとても困難で、現時点では掌握できていないのです。その都度当てはまる方々を放送で呼び出しています。」ということでした。そのような中、学生さんのような若者を含め、たくさんのボランティアの方々がテキパキと動き回ってお世話している姿に、敬意と感謝の気持ちで一杯になりました。私も放送での呼び出しをお願いしました。「20〜30分ほど待っていてください。」ということでした。「この中におられて、放送をお聞きになれたら出て来られるでしょう。」との言葉を聞いて待っていましたが、結局は会えませんでした。ここだけでもこんなにたくさんの方々が避難しています。改めて地震の被害の計り知れない大きさに胸がつぶされそうになりました。

　後日電話がつながって、その方はお子さんの家族の元に避難され、同居中ということでした。甚大な被害を受けられたであろうに、無事との情報は何よりうれ

しいことでありました。

4　地球を借りて生きている私たち

（1）助け合って生きる

　人は一人では生きてゆけない。困難に出会うと思い出す言葉です。今回の地震で命を亡くされた方、怪我をしてまだ入院治療している方、今も避難生活を続けている方。大変な困難に遭われた方々を思うと、我が家の屋内全壊のような状況は、軽い方であったと思います。それでも私たち二人には、倒れ、割れ、散らばり放題の状況を見ても、片付けようという気持ちは起こってきませんでした。知らぬ間に打ちひしがれていたのかもしれません。廊下にも畳の上にも、それこそ山のように片付けるべき破壊された物体は散らばっているのに、少しも片付けようという意思と意欲は湧いてこなかったのです。

　そんな時、自分のところもほとんど同じように被災したものの、少しばかり片付けが進んだ娘の二人の子ども（私の孫の中学生と高校生）が、ふらりとやってきて、「何か手伝うことない？」と言って、持ってきたごみ袋に少しずつ割れたガラスなどを入れ始めたのです。あまり手際よいとは言えぬ仕事ぶりでしたが、少しずつはかどっていくその片付けの様子をみていたら、何となく、座り込んでいた姿勢から立ち上がって、袋に手を伸ばしていた私がいました。

　その時、人の助けはこんなにも有難いものであるのかとつくづく感じ、胸が熱くなりました。口数も少なく、黙々と壊れたものを埋立ゴミ袋に入れていく二人をみていて、力をもらいました。

　被災された多くの方々もきっと周りの人の心配りから力を取り戻しておられるのではないでしょうか。この地震を乗り越えることができたら、自分も少しでも周りの人の力になれるように精進の日々にしたいと強く思うところです。

（2）つながって生きる

　地震のことをいろいろと考えていましたら、熊本地震から6か月も経たない10月8日（土）、同じ真夜中の午前1時46分に阿蘇中岳爆発的噴火が発生し、県内の同じ阿蘇地区に重ねて大きな被害をもたらしました。

　地震や火山の噴火など大きな災害が続くように思えてしまう中、私たちはどのように災害に立ち向かい、耐えていけばよいのでしょうか。今回の災害に対しても多くの方々からご支援をいただいています。支援をしていただくことで、みなさんがかくも深く熊本につながっていただいているのだと、有難く、感謝の言葉

JSKLの校長から木山中の校長へ

木山中学校からJSKLへ

で一杯です。

　私たちも、熊本地震前までそれぞれにできる範囲で、ささやかな支援を通して、被災地につながってきたように思います。しかし、今回の災害を経験し、今後同じ地球丸の乗組員としてつながりを深めていくことがますます求められているように感じています。

　世界は今いろいろな仕組みを通じてつながっています。そのほんの一部分かもしれませんが、在外の教育施設で学んでいる児童生徒や先生がいる反面、日本で学んで、暮らしている外国人の方もたくさんいます。熊本県からこれまでに10名以上の派遣教員が送られたマレーシア・クアラルンプール日本人学校（JSKL）の子どもたちが自分たちで熊本を応援しようとお小遣いなどを集めて、それを職務で帰国される校長先生が預かり、大きな被害を受けた益城町・木山中学校へ直々に届けていただきました。ここにも、貴重なつながりの軌跡ができました。

　支えられた人と支える人とのつながり、そしていつ支えた人が支えられる人になり、支えられた人が支える人になるのかはわかりません。それほど、災害が頻繁に起こってしまう時代・地球の状況になっているのかもしれません。

　一つだけ地震発生のメカニズムなど全く学んだことのない私の懸念は、日本及びその周辺の海域を含む一帯は、地面がずれていて、つながっていない状態のところがいくつもあり、いわゆる断層になっていることへの心配です。そして、文明がもたらした技術でどこかの大陸では、その地層に深い穴を開け、資源を採掘しているのは、「人間が引いた地震の引き金」（平成28年10月15日付「熊本日日新聞視点」より）ではないかというある地震学者の重い一言は、地球の表面を借りて日本に住んでいる私たちにも多くの教訓を伝えているような気がしてなりません。文明の便利さや物的豊かさのみを求めて、依然として活発に活動していると思われる私たちの地球の地底に、もし人類が与えている衝撃が影響を及ぼしているとすれば、看過できぬことであります。まさに人類の英知が求められてい

るのでしょう。災害を通じて、被災した苦しみを乗り越えながら、力を合わせて次の時代へのバトンタッチの知恵を磨くようにと、私たち地球丸の乗組員に特命のメッセージが宇宙から届いているのかもしれません。

　最後に、熊本へたくさんの御支援をいただいていることに深く感謝いたします。私自身も北海道の友人をはじめ、たくさんの方々から励ましと応援をいただきました。私も熊本へのつながりが、いつの日か熊本からのつながりにしていけるように、微力ながら、ささやかでも、根気強くつながる努力をしていきたいと思っています。

14 熊本地震を経験して

熊本県PTA連合会　事務局長　松田正二郎

> **PTA**　熊本県PTA連合会は、会長をはじめ、副会長4名、会計理事1名、理事17名、監事2名の各郡市代表で構成される理事会を毎月1回開催し、運営されている。熊本県内のほとんどの市町村（政令市熊本市と一部を除く）の小・中学校のPTA団体が加入し、平成28年度の会員数は72,717名。
>
> 　会員やその子どもたちが多くの被害を被った熊本地震があった昨年（2016年）は、全国からたくさんのご支援をいただき、深く感謝しながら、復興とPTA活動の充実に向けて力を合わせて頑張っているところである。

1　突然の「前震（益城町で震度7）」

　4月14日（木）、夕方からの会議を終え21時ごろ帰宅した私は、妻とビールを飲みながら遅めの夕食をとっておりました。

　21時26分、突然、今まで経験したことのない大きな揺れ。縦揺れとか横揺れとかいろいろ言われますが、縦横上下に揺さぶられるような、ひっくり返るような大きな揺れが何の前触れもなく私たちの熊本を襲いました。

　私の住まいは、熊本市東部にあります。新聞などでよく取り上げられる益城町と境を接する中学校区にあり、熊本市でも最も大きな被害を受けた地域です。

　3月まで小学校の校長として勤務し、東日本大震災以来、子どもたちと一緒にほぼ毎月といっていいほど避難訓練を繰り返してきました。起震車にも乗り、震度7も体験していたつもりでした。でも全然違いました。「地震が起きたらすぐに机の下に潜りましょう。」と教えてきました。でも実際はテーブルの下に潜るどころか、身動きが取れず妻と2人テーブルにしがみつくのが精一杯だったのです。食器の割れる音と同時に、携帯電話からは、けたたましく「地震ですっ！地震ですっ！」と大音量で警告音が流れました。その音に向かって「わかっとる！」と言いながら妻と2人で外に逃げました。

　幸い電気も消えることなく、外への動線上に割れた危険物や障害物もなく逃げ

られましたが、外に出た私たちは足ががくがく震え、声も出ずにおりました。

　ところが、聞こえてきたのが隣人の声。「ブルーシートを敷きなさい！」「隣の○○さんのおばあちゃんに声かけて！」と家人に指示をしておられるのです。

　隣人は、70歳の退職自衛官です。娘さんなどとともに素早く隣接する駐車場にシートを敷き毛布を何枚も準備する姿を見て、この非常時に自分の身だけでなく、周囲に目を向ける事のできる人がいることへの驚きと、ただ呆然と突っ立っている自分の情けなさを同時に感じさせられました。

　家の隣にある30メートル四方ほどの駐車場に敷いた8畳ほどのブルーシートに座り周囲を見渡すと、火災が起きているのか東の空が赤く染まり、消防車や救急車であろうサイレンの音が鳴り響いています。

　隣近所4軒、15〜16人が2つのシートに身を寄せ合って座り励まし合っていると、近くのショッピングモールが燃えているらしいとの情報がありました。

　また、白川に架かる橋が落ちたらしいという情報も入ってきました。後日、両方ともデマであったことが判明しましたが、動物園のライオンが逃げ出したという情報なども含め、現代のネット社会では、携帯などでの情報が頼りであると同時に、様々な流言飛語が人々を不安に陥れるということを痛切に感じました。

　その後も余震が続き、3時間後の0時3分には震度6強の揺れが観測されました。でも、最初の地震に比べれば随分弱く感じ、「まだ余震が続くのかなあ」ぐらいに思っておりました。

2　余震の続く中で（2日目）

　家の中に入るのはためらわれたため、外で一夜を明かし、明るくなって家の中を確認しに入ると、食器棚からは多くの食器が落ちて割れ、テレビは倒れ、本が散乱して足の踏み場もありません。電気や水道がかろうじて大丈夫だったため、身支度をして、7キロ離れた熊本市中心部の県P事務局に行くことにしました。

　事務所は4階、でもエレベーターが動いています。しかし、ロッカーが倒れ文書が散乱しておりました。

　昼頃までにある程度片付け、情報を収集すると、PTAの会員がお一人亡くなったとの情報があり、17日の葬儀に向けた準備をすることにしました。会長と連絡を取ると、幸い県南に住む自宅は何も被害がなく、また、大きな災害であるため日本PTA全国協議会にも一報を入れ、義援金への対応の可能性も打診したということでした。

　後にこのことが大きく幸いし、様々な対応に忙殺される事務局が、義援金の問

い合わせに対応しなくてすんだことは大変ありがたいことだったと思います。

3　M7.3（震度7）本震が起きるなんて！

　15日（金）テレビで被害の大きさに胸を痛めながら、簡単な夕食を済ませました。「余震があっても大したことないよ」という気持ちもありましたが、「心配だから」という妻に促され、テーブルの下に布団を敷いて早めに寝ることにしました。

　16日（土）1時25分、大きな揺れとともに、頭上のテーブルにいろいろな物が落ちる音、割れる音がしました。2mほど離れていたはずのピアノがすぐそこに迫っていました。必死でテーブルを支え、隣の妻に「おさまったら外に逃げるよ！」と声をかけ、しばらくして外へ飛び出しました。

　14日の前震とは比較にならないほど大きな揺れを感じました。電気は消え、月明かりはあったものの、真っ暗な中、近所の住民みんなで駐車場に車を移動させて、その明かりで被害を確認しました。周囲の家々の瓦が落ち、近づくのは危険です。我が家の屋根も例外ではありませんでした。

　1度ならず2度も襲った大地震。その後も続く大きな余震に、私たちはその後10日間の車中泊を余儀なくされることになるのです。

4　事務局長としての対応

　17日までの3日間で余震の回数が450回を越え、震度5以上だけでも14回という状況でした。死者41人、避難者9万人、断水37万戸、熊本城の石垣も崩れ、阿蘇と熊本市を結ぶ大動脈、国道57号線や豊肥線も不通の状況です。

　そのような中、事務局長としての対応が始まりました。退職し、事務局長に就任して2週間。まだ満足に役員との顔合わせもできていない状況です。

　事務所は、多くのロッカーが倒れ、文書は散乱。ガラス戸はほとんど割れて、足の踏み場もないような状況でした。

　何とかロッカーを引き起こし、重い書類を取り出しながら少しずつ足場を確保。

徐々に事務所としての体を成し始めました。

　会長と打ち合わせをして、月内の行事をすべて中止することにし、電話での連絡を行いました。

　それにしても、この地震がもしも昼間に起こっていたら、棚の落ち方やガラスの割れ方から考えて、職員6人のうち数人は大怪我をしていただろうし、命の危険さえあったのではないでしょうか。後になって学校関係者と話しましたが、もし学校の課業時であれば、学校は崩れなかったにしろ、相当多くの児童生徒の被害があったでしょう。今回の地震による児童生徒の死者が0であった事は、まさしく不幸中の幸いと言えると思います。

　18日になると、県内外から多くの電話がかかってくるようになりました。私の方からも被害の大きかった阿蘇や上益城に連絡を取り、児童生徒や保護者のケガの状況、学校などの大まかな被害状況などの情報収集を行いました。

　しかし、一体どこの地域が大きな被害を受けているのかつかめません。

　そんな中、20日には日本PTA全国協議会から募金窓口の開設について電話がありました。エリア事務局宛に文書を送付いただき、さらにHP上にも振込口座を示していただくという連絡に胸をなでおろしました。といいますのも、全国から義援金を振り込みたいがどこに…というありがたい電話が多くなっており、文書やHPは私どもの業務量を大きく軽減することになりました。

　我が家では停電や断水が続いておりましたが、トイレの水は風呂の残り湯を活用し、飲み水は近くの健軍水源池まで汲みに行っておりました。3日目には電気と水が通い始め狂喜乱舞。たった3日間ではありましたが、水や電気のありがたさを痛感いたしました。でも熊本では大変恵まれた方であったそうで、それから後も多くの県民が断水や停電という不自由な生活を強いられました。

5　1週間が過ぎて

　21日には大雨洪水警報が発令されました。まだ、屋根の瓦が落ちたままの多くの家屋にとっては非情の雨となりましたし、地盤が緩んだ熊本の大地は雨によって崩れ、被害が拡大したのでした。

　22日(金)になると、いろいろな方面からの支援物資が届き始めました。しかし、必要な支援物資の種類は時とともに変わってまいります。

　当初は何と言っても飲み水や食料。それも加熱のいらないおにぎりやパン、サンドイッチなどが有難かったようです。またタオルやウェットティッシュ、被害の大きかったところでは、新品の下着や靴下なども必要とされました。

時間がたってきますと、やはり「たまには暖かい味噌汁が食べたい」という気持ちも出てまいりますし、カセットコンロなどの物資は有難がられたようです。
　それら届き始めた物資を、学校などに配布して回るのも私の仕事になって来ていたのです。

6　給食が作れない

　5月になって学校が再開し始めました。
　しかし、聞いてみると阿蘇市や益城町では給食センターが被災し、簡易給食でのスタートとなりました。特に育ち盛りの中学生にとって、食パン1〜2枚と牛乳という簡易給食は量的に不足し、夕方の部活動の時間には「お腹が空いてたまらない」という情報が校長先生からもたらされました。

　会長に相談したら、「わかりました」という返事。早速、九Pの理事会で話題にしていただき、50万円を支援いただくことになりました。
　その50万円を元に、腹を減らす阿蘇と益城の中学生に栄養補助食品を送ることにしました。その動きに大塚製薬さんのご協力いただくことになり、また、ベルマーク教育助成財団からも援助いただき、バランス栄養補助食品14,000食、大豆由来栄養補助食品7,200本を贈ることができました。
　また、6月に入ると栄養補助ゼリー飲料なども50万円分、さらに7月には小学校にも給食用ジャムなどを50万円分支援できたのです。
　様々な団体、特に同じPTAの組織からの支援にはとても感謝です。
　5月11日には日Pに振り込まれた400万円、6月8日には1億400万円の義援金を受け取り、熊本市や大分県と6：3：1の割合で按分いたしました。

　その他にもさいたま市Pや福島県Pなどには直接県P事務局を訪問いただき、お見舞いを頂戴しました。
　義援金は本当に困っている人たち

に、本当に困っている時に、迅速的確に配布されるべきです。

　先ほどの給食支援はその典型で、本当に有り難がられました。「学校のプリンターがひっくり返って学校の業務が一切止まっている。行政に言ったがそれどころではないと言われた。」などという声にはすぐに対応し、送付することができました。「今年はPTA会費なんか徴収できるような状況ではない」という声には、理事会で検討し、義援金を活用して少しでも負担を軽減する事にしました。

　半年が過ぎた9月末現在、死者50人、関連死等59人、17万棟の家屋が被害を受け、未だ行き場がなく避難所暮らしの方がおられます。

　家が半壊以上の被害を受けた子どもが半数以上にのぼる学校も数校あり、保護者が職を失った家庭も多いようです。子どもたちの心のケアも大きな課題となっています。もちろんそんな学校ではPTA活動もままなりません。

　全国各地からの支援によってPTA活動のありがたさや大切さを感じながら、熊本県のPTAとして、今、目の前の子どもたち、保護者のために何ができるのかを模索する毎日です。

15 熊本地震を通して学んだこと

一般財団法人熊本県PTA教育振興財団　理事長　曽我邦彦

1　はじめに

　私は平成20年、日本PTA全国協議会（日P）会長を務めました。翌年の平成21年度、全国大会は宮城県。大会の1年半後、平成23年3月11日東日本大震災が起きました。何度も伺った思い出深い地です。私に出来ることはないかということで、6月に「子供たちに音楽を届けよう」と童謡のスクールコンサートを3年間、その後は福島へ3年間届けました。各地を訪れ震災の凄さを受け止めておりましたが、自らが経験するとはまったく思っていない中での学びでした。しかし、本年（平成28年）4月14日、16日の熊本地震で自らが被災者となることになりました。

　被災地に支援に伺って学んでいたことと、実際被災者となった時と何が違うか身をもって体験しました。体験が皆さんのこれからに役に立つならと思い、日Pの取り組みに賛同し執筆させていただくことにいたしました。

2　熊本地震での実体験　～現実を見つめる～

　私の住まいは、たびたび報道される益城町のお隣西原村です。熊本空港まで車で7分程度の阿蘇外輪山の麓、布田川断層が走っている村です。西原村には布田地区があり断層はここを走っています。自宅、事務所は断層の近くであり、地元山西小学校の隣に位置しているため災害時は皆さんが避難してくるような場所です。

　14日の前震時は西原村では6強でしたので、茶箪笥から食器が落ちる程度で、15日に片付けが終わる程度でした。まわりの家屋も被害を受けている感じはありません。

　16日深夜1時25分、最初の地震対応などで深夜まで事務所で仕事をしておりました。グラッとの揺れが始まり、余震だからと気を緩めていたら、一気に揺れからズドンと全てが吹っ飛びました。停電で真っ暗。何が起きたかわからないくらいですが、生きていました。事務所はぐしゃぐしゃ。真っ暗で外に出ることが

できない状況の中、長女が外から大声で「生きてる？」と声かけがありました。「スマホを持ってるから、明かりを照らすよ」との声がありましたが、ドアは開かない。窓からなら出られそうなので「窓を照らして！」と叫んで、その明かりを頼りに何とか外に出ることができました。靴を履いていたことは幸いでした。長女から、「お母さんが自宅2階に閉じ込められている、声をかけたら返事があった」とのことでしたので直ぐに救助に行きました。

スマホの明かりはとても明るく、それを頼りになんとか2階にたどりつきましたが、タンスなどが倒れガラスの破片だらけでした。けがをしても良いからと声をかけ、何とか妻を外に出すことができました。

次々と震度5程度の地震が続くので、直ぐ前の広場に避難しました。地域の方が集まって来ました。みんな何が起きたかわからない様子で呆然としていましたが、区長さんが、「それぞれの地区の方は皆さん生きているか生存確認してください」と呼びかけられ、確認が始まりました。

1時間以内に全員の無事が確認できました。次は、通電火災など二次災害が起きないようにと、ブレーカーを切断してきたか、ガスの元栓を閉めたかと確認があり、処置していない家には、消防団と一緒に行ってできる家は作業しました。今考えると地震が続いていたので危険でしたが、二次災害を起こしたくないという気持ちがあり再度自宅に戻り確認しました。

ブレーカーは落とせましたが、ガスが吹き出していました。プロパンでしたので元栓を閉めれば止まりますが、壊れた器具も2つあり、戻って消防団と相談して一気にガスを抜くことにしました。もちろん、まわりで火を使わないのは鉄則です。

明け方までには、皆さん確認を終え、夜が明けて来ました。その光景は、声が出ないほどでした。住めそうな家は無いのではという雰囲気でした。直ぐに朝食をどうしようということになり、壊れた公民館から、プロパンなどを持ち出し、皆さんの壊れた家から米などを持ち寄りなんとか炊き出しをして、おにぎりを準備しました。

すでに地域の皆さんが一丸となっている取り組みです。中心は区長さん、救援は消防団です。昼過ぎには、自衛隊が水と少々のおにぎりを届けに小学校に到着しました。

おにぎりは体育館に避難してきた高齢者と子どもたちに。私たちの万徳地区150戸は水だけいただき、自前でできると判断、炊き出しでまかなうこととしました。

3日目には給水車の設置が完了。4日目からは、牛丼やカレーなど企業などの

炊き出し支援が始まり、食事、飲み水の心配はなくなりました。トイレは池の水をくみ上げて水洗の便所タンクに入れて使用しました。衛生面はひどい状況と思いますが、皆さん被災を受けアドレナリンが出て治癒力が増しているのか、普通より元気でした。

電気は避難している体育館には2日目には来ました。震災後各家に引き込まれていた電線は全て切られ、通電火災が起きない対応を行った後、避難所の電気が開通したのです。徹夜で作業が進められていました。その後、それぞれの家に電線が再度引かれ、私の自宅も5日目には通電しました。

しかし水の復旧は大変で、体育館のみ緊急に工業団地から水をいただき、5日後には飲料不可ですが使用できるようになったためトイレが一気に解決しました。自宅に水が来たのは1ヶ月後。ガスも同じです。

学校は5月11日から再開。しかし教室にいた被災者が一気に体育館に移動したため体育館が満杯に。何とか家に住める人たちや他に移動できる方は体育館を後にしました。ここから、被災者の支援の受け方がそれぞれに変わって来ます。

体育館にいる方は被災者。出られた方は自活。実際はみんな被災者。助け合う気持ちで体育館を後にしただけで、戻った家は住める状況ではない方も多数いました。車上生活される方も多くいました。しかし支援は避難体育館にいる方中心で進み、不満が多かった時期です。3ヶ月後には仮設住宅もできあがり、7月末までに第一次の復興が始まりました。

最初に支援に来られたのは、自衛隊。3日目くらいから支援行政職員の方が、九州一円からそして全国から来られました。私どもの村は安全対策から2週間は一般ボランティアの方の受け入れは行いませんでした。パトロールは消防団。避難体育館の応援は、先生方、役場職員、支援行政職員でした。

消防団、自治会が機能していましたので、PTAは表に出ませんでした。しかし、消防団、自治会の皆さんは、元PTA仲間の皆さんでした。PTAなど、学校が核になった地域でしたので、災害時にはその経験が機能するのだと思いながら、5月4日まで体育館や車で生活を続けました。多くのボランティアの方はゴールデンウィークに一気に集中して来られましたが、終わると一気に減っていきました。ボランティアの方が来られると同時に、不審者、詐欺まがいの方、盗難が発生しました。難しい問題です。一般民にはボランティアの方と見分けがつきません。

3 震災を受けて望む取り組み

　私どもの村は人口7,200人です。被害がひどい状況でしたが、死亡は5人。火災0。県下でも、小、中、高で児童生徒の死亡は0名、保護者1名だったことは不幸中の幸いでした。日頃の訓練、学びが役立っていたのだと思います。また、スマホなどでの救助メッセージなどで多くの命が守られました。前震で避難していたことも幸いだったのかもしれません。過去の災害に学ぶ、避難指示に従うことは大事だと思います。通電火災などが起きないようにする取り組みは、阪神・淡路大震災からの学びです。命の確認にネットが利用されたのは、東日本大震災からの学びです。今回の熊本地震からの学びは、大きな地震を超えるさらに大きな地震が来ることがあるということ。地震が収まるまでは、屋内より野外の自動車の中の方が安全。学校の運動場、まわりに車を止める広場があったことが幸いでした。

　また、新しい道具が大きく役立つこと。情報時代、心の不安を払拭するため、命を守るためなどネットは大きな役割を果たしました。避難体育館には3日以内に、フリーWi-Fiが設置されました。地震では声が聞こえると地鳴りがわからなくなります。余震が多く続くなか、声は邪魔です。ネットは静かでまわりに迷惑をかけずやりとりができます。皆さんそれを受け止め上手に利用されていました。道具は役立つために使われて欲しいと思います。ネットなど通常時では問題が論議されていますが、災害を経験すると、大事な時に使えるような道具使いを身につけて欲しいと思います。災害はいつ来るかわかりません。子供たちに、そんな時使える道具であるために日頃どう使うか考えて欲しいと思います。道具に使われるか、道具を使うかです。結果、命が守れるか、守れないかということにもなります。

　支援物資については、どんどん送られるだけでは対応できない場合があります。「物資はあるのに、届けられない」「余るほどのペットボトルの水」。

　また、必要な物資が刻々と変わることも学びました。被災の有り様で必要な物資が変わることも学びました。必要な物をネットで発信する、また、届いていない場所を情報発信するなど、今後に役立つ方法を生み出さなければならないと思います。

　繰り返しになりますが、ネットは重要な災害インフラになっていると感じました。学校が地域の核で、避難所になることは間違いないようです。新たな学校のあり方として、常に安全にネットが使える環境の構築、非常時の電気の確保のために太陽発電などの導入。水洗便所は水がなければ使用できません。トイレの水

問題解決も、病気を出さないために検討が必要です。給水支援と同格でシステムを再構築せねばならないようです。飲料水はペットボトルで十分対応できることが確認できました。自動車はとても役立ちました。地震災害では、余震が収まる迄は、体育館より安全なのは車でした。車で、充電も出来、ＴＶも見ることができました。正しい情報を得ることは安心を確保できるということでした。デマのネットパトロールのボランティアを高校生、大学生が務めてくれたのも感謝です。日頃使っていなければできないことです。ガソリンなどは隣町で通常通り確保できました。並ぶような状況は２日でなくなりました。

　また、災害が大きいと、学校の避難所は長期にわたります。学校が１ヶ月も再開できませんでした。日頃から、学校がそのような施設としても整備がなされているか疑問もあります。私の村の学校は、全てが新しくなっていたので、大きな役割を発揮できました。総合体育館は古くて使用不能でした。日本ＰＴＡも、阪神・淡路大震災、東日本大震災など多くの災害を経験し、地元が望む支援ができるようにシステムができてきていると思います。多くの支援をいただきました。もっともっと良くなるように尚一層改善して向上させて欲しいと望みます。

4　終わりに（これからのＰＴＡに期待する）
　　自らが被災して自信を持って発信したいことがあります。

　平成20年、日本ＰＴＡの会長になり多くの皆さんに訴えたことがあります。ＰＴＡ不要論が叫ばれている中の発信でした。地域力が向上するためには、ＰＴＡの様な緩やかな社会教育団体が必要です。協力活動のあり方は様々です。会費協力、ＰＴＡ研修で学び協力、時間を使って役員など組織活動協力、全てが大事です。子どものためを基本にポジティブに地域力向上に協力をする協調力の学びの場なのです。そのことが、子どもの卒業後に地域に役立ちます。まさしく、今回の地震でも確認できました。それぞれが協力しあう地域ができていました。学校が原点です。皆さん元ＰＴＡで活動された方同士で一つになっていました。学校の先生方は、献身的に地域のために協力してくださいました。先生方にお話しさせていただいたことは、「まさしく子どもたちの未来のためです。災害は厳しいことですが、今回多くの支援を受けたことは、子どもたちに実体験としての学びです。しっかり感謝を体感させてください。そして感謝を表現し、今後の人生の中で支援くださった社会に貢献する学びをのばして下さい。」ということでした。学校が再開された時の子どもの笑顔と笑い声は、多くの被災者に復興・復活の勇気を与えてくれました。ＰＴＡ活動を通して、復活・復興に勇気を与えて下されば幸

いと思いました。

　人生でこのような被災を受けることは厳しいことでしたが、人の温かさを実感したことは人生で大きなものをいただいたような気持ちで、感謝を言葉では表せません。

　自然災害はいつ襲ってくるかわかりません。是非、過去に学んでいただきたいと思いますし、PTA活動をしっかり発展させて欲しいと望みます。代替できる物はないのではと思います。単位PTA、市区町村PTA、県・政令市PTA、日本PTA、全てがそれぞれの役割を再確認し活動して下さい。震災ではそれぞれが役割分担した活動を見させていただき、必要性を再確認できました。感謝です。

　最後に、これまで、全国の皆さんとPTAなどを通して活動してきたことで、多くの人間関係をいただき、今回皆さんから支援の声をいただきました。この地震で私ができる役割と考え、地元へつながせていただきました。被災者の皆様は支援で希望をつなぐことができました。応援をいただきました、全国のPTA、関係の皆様に心から感謝御礼申し上げますとともに、今しばらく支援継続いただければとお願い申し上げます。

16 PTAと行政、地域・学校間の取組
～桜島に生きる、4つの小学校の取組実践～

鹿児島県鹿児島市立桜洲小学校　校長　郡山裕子

過去の噴火・津波の歴史に学ぶ4小学校（黒神・東桜島・桜峰・桜洲）

> **PTA**　大隅半島と桜島が陸続きになった大正3年の大噴火のことは広く知られているが、それ以前から災害の歴史を繰り返している桜島。先人達は、噴火予知について細かく文献や碑に残している。各小PTAでは、「命」と向き合いながら、次代にその教訓を伝えるべく、様々な取り組みを進めている。島内でも噴火口のすぐ近くとそうで無いところでは状況が違うため、それぞれの実態に即した訓練を繰返しながら改善を加えている。4小PTAとも、いざというとき協働し合える関係性を大事にした活動を展開している。

1　PTAと行政、地域間の取り組み

**東桜島地域「安心安全まちづくり大会」
平成28年8月28日開催**

ア　主催
　　東桜島校区コミュニティ協議会
　　改新地域コミュニティ協議会
　　黒神（高免）校区公民館運営審議会

過去の4大噴火の概要と近年の主な噴火活動

イ　目的
　　地域の皆さんが安心して暮らせる"安全なまちづくり"のために、地域における事故・犯罪・救急・自然災害・大噴火など、私たちを取り巻く様々な"不安事案"について、関係機関の指導や助言をいただき、みんなで防犯・防災・減災・避難について考え、共通理解を深める。

ウ　実際
　　桜島の火山災害対策の概要や昨年の噴火警戒レベル4を踏まえての避難体制の検討会や見直し、住民の避難状況の把握方法、正確で迅速な情報の伝達、

土石流対策、砂防工事などについて協議しました。観光地で有名な桜島ですが、いつ噴火が起こるか分からない不安をかかえて住民は暮らしています。

今後も危険予知や避難対策を十分に行って欲しいという要望が多く聞かれました。

2 地域と連携したPTA・学校の取り組み

（1） 小中学校と校区の合同運動会における避難方法の説明や防災種目

黒神小校区は、桜島の麓にあり、児童数5名の極小規模校です。隣の黒神中学校は生徒数6名のこちらも極小規模校です。平成27年8月に警戒レベル4となり、隣の黒神中学校が立ち入り禁止となりました。その関係で、運動会の最中にもし、桜島が大噴火したらどうすればよいか、児童生徒はもとより、地域住民の安心・安全に配慮した運動会にするために、昨年度から開会式で避難方法の説明と競技種目に桜島脱出大作戦を入れました。

　ア　開会式での避難方法の説明

　　桜島噴火警戒レベルは1〜5までです。

　　レベル1は、活火山に注意

　　レベル2は、火口周辺規制

　　レベル3は、入山規制（現在の状態）

　　レベル4は、避難準備

　　レベル5は、避難

校区との合同運動会なので、校区民を合わせて、200名以上の参加があります。その際、もし桜島の大噴火による火砕流や土石流が起こった場合の避難方法についての説明を開会式の式順の中に入れています。まずは、落ち着いて話を聞き行動することを依頼、次に消防や職員の指示に従うこと、そして校舎内の入り口の場所の確認、体の不自由な方や高齢者のために車いすも準備していることなどを伝えます。

　イ　桜島脱出大作戦

運動会での防災種目の桜島脱出大作戦は、小中学生と校区に住む保育園児12名で行う種目で、島外避難を想定したものです。2チームに分かれ、スタートの合図で防災グッズ（ヘルメットやマスク、メガネ、ライフジャケットなど）を着用し、途中で避難港の船（段ボー

ルで作成）に乗って島外へ避難する競技です。桜島の大噴火は時間とのたたかいになるので、運動会以外でも避難訓練や学級活動等で防災グッズ着衣の訓練をしています。

3　各学校・PTAの取り組み

（1）登下校時のヘルメット着用

どの学校でも、児童は登下校時にヘルメットを着用しています。PTAも立哨指導の中で、指導を繰り返しており、習慣化しています。

楽しい遠足等でも全員ヘルメットを着用して歩くという徹底ぶりです。新入児は市からいただく自分用の真新しい黄色のヘルメットをかぶるのが、小学生としての自覚をもつ最初です。

近年は噴火の規模がそこまで大きくはありませんが、麓まで小さな噴石や大粒の火山灰などが降り注いだ時期もあり、児童の頭を守る上でヘルメット着用は現在も避けることのできないスタイルとなっているのです。

（2）マップを作ろう

校区内にある危険箇所を各校マップにまとめています。危険箇所には赤い旗を立てています。その中には、桜島が大噴火したときの避難港をはじめ、子ども110番の家や雨天時に冠水する所、カーブが多い所など子ども達に年度当初に指導し、保護者の方にも注意喚起しています。毎年見直しをして配布しています。

（3）PTA主催の教育講演会の実施

江戸時代に、海底噴火による津波災害を経験した小学校では、「安永櫻島燃」の著者を学校に招き、保護者・全児童を対象に講演会を行いました。また大正噴火の起きた1月12日に、市の防災ノートを作成した鹿児島大学准教授の講演会も行い、過去の歴史と先人の言葉に学ぶ有意義な時間をもちました。

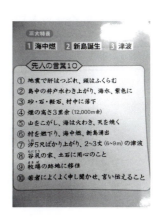

第2章　先進的な防災取組事例　　火山

4　行政と連携した、全島民の防災意識改革

（1）鹿児島市桜島爆発総合防災訓練の実施

　毎年1月12日前後にこの訓練が全島規模で行われ、全島民が合同で参加しています。万一大正噴火級の噴火が起これば、全島民が島外避難することになり、その手順や流れを確認するため、集落ごとに整備されている避難港の中から輪番で一つの港を使い、本物のフェリーを用いて実際に避難してみるものです。学校は避難者名簿を準備し、各避難港の責任者に提出後、船に乗り込みます。フェリー乗船はなくとも各学校この時刻に合わせて1次避難を行い、避難港へ集団で移動する2次避難を実際に行い、所要時間や途中の障害物・危険箇所の把握に努めています。

（2）登下校中の避難を想定させる取り組み及び事前周知なしの避難訓練の実施

　集団下校を行う際、職員が各方面に引率し、万一登下校の途中で大爆発や噴火が発生した場合の逃げ道や避難できる場所について、児童と一緒に確認を行う活動を始めました。とんでくる噴石等から身を守るための避難壕や民家、商店や公共施設などの場所を教えるとともに、地震が発生した場合の倒壊しそうなブロック塀や壊れそうな建物なども確認することができます。

　さらに、在校中の休み時間等の噴火発生を想定し、抜き打ちで放送をかけ、避難を促す取り組みも実施しています。児童は各自そのときいた場所から所定の場所まで移動し、ヘルメットを着用し避難袋（ナップサック）を背負って体育館まで移動します。回を追う毎に、素早い移動ができるようになってきました。

（3）安心安全ネットワーク会議の取り組み

　「櫻島は一つ」を合い言葉に、昨年度立ち上げた当会議のメンバーの船に乗船し、島内の小学校校長・警察・防犯パトロール・消防団員・危機管理課が一緒に船に乗り込み、島内ハザードマップを手に、島の外側から避難港の様子を確認し合いました。実際には、石段が崩れていたり、現状のままでは船が着けられない港があったりするなど、確認するよい機会となりました。刻々と変化し

ていく自然。定期的な点検は不可欠です。

（4）新たな計画

　噴火と台風という複合災害の場合、計画どおり船をつけることは困難です。そこで、平成28年度の市の総合防災訓練では、陸路で避難する場合の経路について確認するための初めての訓練を行いました。また、11月下旬には、初めて、夜間の避難訓練も行いました。あらゆる場面を想定した新たな訓練に期待が膨らんでいるところです。

5　終わりに

　PTA・学校としては、児童生徒が学校にいる時も家庭で過ごす時も桜島噴火への備えが必要であることを意識し、今後も情報収集に努め、連携を図った取り組みを継続してまいります。

　併せて、防災を通じ、島民同士の絆が深まる面もあります。「命」を守り合えるのは、顔と顔のコミュニケーションです。まず単位PTA内での豊かなコミュニケーションづくりを更に深めていきたいと思っています。

第2章

先進的な防災取組事例

第2章 先進的な防災取組事例　地震

事例01 「東日本大震災から学ぶ 〜海辺に生きる街の防災教育〜」幼小中・家庭・地域の三者が一体となって地震・津波から命を守るための避難訓練

北海道別海町立野付中学校PTA　三宮貴史

PTA　根室地区　別海町PTA連合会　野付幼小中PTA
　　北海道別海町立野付中学校PTAは会員55家庭。本部役員（三役）と専門部（研修部・施設部・校外部）で構成。父母と先生が協力して家庭と学校と社会における生徒の幸福な成長を図ることを目的としている。

学　校　別海町立野付中学校（認定子ども園野付幼稚園、別海町立野付小学校）
　　別海町立野付中学校は、平成28年度の生徒数63名。教育目標は『精一杯努力し、逞しく生き抜く生徒の育成』である。

地　域　尾岱沼連合町内会
　　本校は、北海道の東、北の天橋立と呼ばれる風光明媚で道立公園に指定されている野付半島を有する地域に位置し、平成17年には野付半島を含む地域がラムサール条約に登録されるなど、自然に恵まれた地域である。

1　合同避難訓練のきっかけ

　平成23年3月11日に発生した東日本大震災では、三陸沖の海底でマグニチュード9という未曾有の巨大地震が発生、その直後に巨大津波が東北地方太平洋沿岸部に襲来し、1万5,000人余りの尊い命が失われました。

　その中で"釜石の奇跡"を始めとする様々な避難事例から、日頃の防災教育と学校の危機管理に関する実践が、子どもたちの命を守るために如何に重要であるかということが明確になり、本校の危機意識も高まりを見せることになりました。また実際に、震災当日には本校の校下である北海道野付郡別海町尾岱沼地区にも、津波警報・避難勧告が発令され、避難所に長時間にわたる避難を余儀なくされた方々もいました。

　このような経験と本校の当該校区の多くが、海抜数m以下の沿岸部に市街地が集中し、保護者地域の方々のその多くが漁業に従事するなど、子どもたちの将来も含め、海との関わりが非常に密接な地域であることから、平成24年8月に

幼稚園、小学校、中学校、連合町内会、行政機関が一体となった大規模な避難訓練が実施されました。この防災訓練がきっかけとなり、幼小中・家庭・地域の三者が一体となって地震・津波から子どもたちの命を守るための避難訓練が続けられてきました。

2　これまでの防災教育と避難訓練の実践

(1) 活動のねらい

　幼小中・家庭・地域の三者が一体となった避難訓練は少しずつ実施形態を変えながら5年目を迎えていますが、活動のねらいは以下の通りとなっています。

【児童生徒】
　◇安全・災害に対する知識や技能を身に付け、防災意識を高める。
　◇予測できない災害（地震・津波）に対し、適切な避難・集合ができる。
　◇町内会ごとに連携・協力して保護者引渡し体制に臨むことができる。

【教師】
　◇児童生徒の安心・安全を守るため、連携・協力して避難・整列・保護者引渡しを迅速に行うことができる。

(2) 昨年度（平成27年度）の取り組み

　◇これまでの合同避難訓練の実施状況

実施年度	実施内容	参加団体等
平成24年度	・各校の指定避難所への避難行動 ・連合町内会との合同避難訓練	幼小中各校、各校PTA、行政機関 連合町内会、教育委員会、派出所
平成25年度	・各校の指定避難所への避難行動 ・引渡し地区ごとの集合訓練	幼小中各校、各校PTA、行政機関 派出所
平成26年度	・各校の指定避難所への避難行動 ・引渡し地区ごとの集合訓練	幼小中各校、各校PTA、行政機関 派出所
平成27年度	・各校の指定避難所への避難行動 ・引渡し地区ごとの集合訓練 ・**保護者引渡し訓練**	幼小中各校、各校PTA、行政機関 派出所
平成28年度 以後の予定	上記の実施内容項目に加え、今後は以下のような実施内容を考えている。 ・指定避難所の備蓄食料を使っての炊きだし訓練（連合町内会と連携） ・避難所開設訓練	

◇平成27年度の合同避難訓練の全体計画

時間	実施項目	実施内容
14:45	地震発生	校内放送⇒「3つの行動」開始 DROP! まず低く　COVER! 頭を守り　HOLD ON! 動かない
14:46	避難訓練開始 情報伝達訓練開始	大津波警報発令⇒二次避難場所へ避難指示 保護者へ（引渡し）通知
14:50	幼稚園避難完了 本部設置訓練開始	避難完了後、速やかに点呼 　　担任（⇒主任教諭）⇒園長 園長⇒本部設置（本部目印旗用意）
14:55	小中学校避難完了 **引渡し訓練開始**	避難完了後、速やかに点呼 　　きらくる駐車場（二次避難場所） 　　担任⇒校長⇒園長 点呼完了後、再整列（町内会ごと） 　　本部長の号令⇒引渡し準備
15:00	再整列終了	保護者引渡し開始 　　保護者は事前申し込み家庭のみ
15:20	引渡し終了 全訓練終了	解散 　　引き渡された子供は各校又はそのまま帰宅

◇保護者への引渡し訓練の実施（平成27年度の重点活動）

　これまでの合同避難訓練の中で、平成26年度までは、保護者への子どもたちの引渡し訓練を想定し、居住区域ごとに中学生をリーダーにした、引き渡し地区ごとの集合訓練までは実施していました。そして、平成27年度の合同訓練では、保護者への引渡し訓練を初めて行いました。具体的には以下のような流れで保護者への引渡し訓練が行われました。

ステップ①　きらくる（二次避難場所）で引き渡し地区ごとに再整列
　・地域のリーダーとしての意識を育てる意味からも、町内会ごとの整列には中学生の積極的な関わりを期待したい。
ステップ②　本部長の号令により、引渡し体制を確立する
　・引き渡し体制の役割分担は以下の通り。
　　　本部長：幼稚園園長（引き渡し場所目印）
　　　副本部長：小学校校長、中学校校長（引き渡し補助）

児童生徒係：幼稚園教職員、小学校教職員
　　　誘導・整理：中学校教職員
ステップ③　引渡しの手順は次の通りです
　・保護者車両を一方通行状態にする。
　・到着順に町内会、保護者名を聞きだす。
　・到着番号及び町内会、保護者名を拡声器等で順次コールする。
　・引き渡し場所では番号順に子どもを待機させ、保護者と確認しながら引き渡す。

（3）連携のための具体的な工夫

◇幼稚園、小学校、中学校の避難訓練担当者の三者会議で企画立案

　これまでの実践をもとに、校種ごとの問題点を精査して、合同避難訓練に向けた組織の確立と役割分担の明確化を図りました。

◇各校種PTA、連合町内会、行政機関、派出所など各種団体と協議

　三者会議の流れを受けて、地域の各種団体と意見交換を行い、当日の合同避難訓練と子どもたちの保護者への引渡しを安全でスムーズに行うことができるように様々な検討を加えました。

◇段階的な合同避難訓練の実施内容で保護者地域への理解の深化

　幼小中の合同での避難行動→引き渡し地区ごとの集合訓練→保護者への引き渡し訓練と段階的に合同避難訓練を行うことで、保護者地域の理解や協力が深まっていきました。

◇幼小中連携の12年間の郷土学習「野付学」への防災訓練の位置付け

　尾岱沼地区の子どもたちの連続性を重点に幼小中連携の12年間で子どもたちの育成を目指す郷土学習「野付学」の年間指導計画に合同防災訓練を位置付けることによって、異校種間の連携性と連続性を大切にしています。

（4）生徒の防災意識を高めるための取り組み

◇避難訓練事前学習会の実施

　東日本大震災で被災した岩手県釜石市立釜石東中学校が作成した防災教育のビデオ「てんでんこレンジャー」や「釜石の奇跡」などの資料を使って、防災訓練の大切さや自分の命を守ることの意識を高める避難訓練に向けた事前学習会を実施しています。

◇学校行事の横断的関連性を生かした防災教育

　地元の大きな観光資源となっている野付半島の清掃活動に野付中学校は長い間「野付半島クリーン作戦」として取り組んできました。そこに、今年度より尾岱沼連合町内会が中心となって要望していた、津波襲来時に漁業者や観光客の緊急的な避難場所として利用可能な野付半島災害時避難施設（津波避難タワー）が完成しましたので、清掃活動中に津波避難タワーへの避難訓練も合わせて実施しています。本来的にはねらいが異なる２つの学校行事ではありますが、横断的関連性を工夫することで行事時数削減や効果的な生徒の防災意識につながる活動となったと考えています。

◇幼稚園児との交流から芽生える命を尊重する意識

　幼小中12年間の一貫した流れで取り組む郷土学習「野付学」で計画的・継続的に行われている野付幼稚園との交流活動には、キャリア教育での職業体験や家庭科での保育実習、環境学習の出前授業などがあります。こうした日常の交流を

「東日本大震災から学ぶ　〜海辺に生きる街の防災教育〜」

通じて園児と中学生の関係を深め、合同避難訓練や実際の災害時にも命を尊重する意識の向上につながると考えています。

◇被災した学校・地域への支援活動

　生徒会を中心に文化祭などの取り組みで、災害で被災した学校や地域への支援活動を行っています。その支援活動を通じて、被災した人々と地域との交流を深めることで、防災に対する意識や命の尊さ、ボランティア精神の意欲向上を図ることができると考えています。

　実践例として、平成27年度は根室管内の中学校2校と連携し「東北復興支援プロジェクト」に取り組み、復興支援物産販売と募金活動を行いました。平成28年度については台風10号の洪水被害を受けた十勝管内の小学校・中学校への支援活動を文化祭で取り組む予定となっています。

3　成果と課題

（1）成　果

◇継続的な合同避難訓練を実施できた

　合同避難訓練が始まって5年目を迎え、防災に対する学校と保護者地域との連携性についての意識が高まることができました。

◇保護者への引渡し訓練を実施することができた

　合同避難訓練の当初の目的であった、保護者への引渡し訓練を実施することができました。また、その際の課題も明確にすることができました。

◇異校種間や地域社会とのつながりが深まった

　合同避難訓練を通じて、幼小中・地域社会との関連性を生徒が意識する機会が多くなりました。

（2）課　題
◇**保護者への引き渡し訓練での安全で迅速な方法の確立**

　平成 27 年度の引き渡し訓練時の大きな課題は、保護者車両の集中による交通渋滞とそれに伴う交通安全の確保がありました。

◇**中学生の地域のリーダーとしての意識向上**

　合同避難訓練時に中学生に期待されているのは、引き渡し地区ごとの集合訓練での小学生や幼稚園児に対するリーダーシップの発揮です。その意識向上にはまだ課題があります。

地域で高める防災意識
～学校・家庭・地域が連携した親子防災キャンプ～

北海道帯広市立北栄小学校PTA　西田健一

PTA　北海道帯広市立北栄小学校PTAは会員数245名。役員を中心に5つの専門部と2つの委員会から組織されている。OB会やおやじの会などの活動も活発であり、とても熱心に活動している。

学　校　北栄小学校は、昭和28年開校。児童数314名、学級数14学級、教職員数23名。「心豊かに　たくましく生きる子どもを育てる」を学校目標に教育活動を進めている。

地　域　都市と農村、自然環境が調和した「田園都市」帯広は、十勝の中核都市として拠点機能を高め、暮らしやすさと自然の豊かさをともに実感できる街である。

1　実践のきっかけ

　東日本大震災や熊本地震など、大きな自然災害により防災への関心が高まっています。ここ十勝・帯広においても、過去には十勝沖地震が発生し大きな被害を受けるなど、決して他人事とはいえません。災害に対する準備や、正しい知識は、小学校段階から身に付け、学校、家庭、地域が連携して防災意識を高めていく必要があると考えます。

　そこで、児童や保護者の防災意識を高めることを目的に、災害時には学校が避難場所になることを想定し、平成26年度よりPTA行事として親子防災キャンプを実施することになりました。学校で泊を伴うPTA行事としての親子防災キャンプは、市内でも初めての試みです。

　そのため、実施に関しては「帯広市親子防災講座」の支援のもと、PTAが主体となり、学校、帯広市が連携することで実施できた行事です。学校の教育活動ではなかなか体験できないことですが、帯広市やPTAの協力を得ながら親子で実施することにより、児童や保護者を通して、地域の防災意識の高まりにつながっていくものと期待しています。

2 防災キャンプの取り組み

（1）地域の防災組織との連携

平成24年度、帯広市では、地域における自主防災活動への参加や活動の活性化を促し、安心・安全な地域づくりを目指すことを目的に「帯広市親子防災講座実行委員会」を設立しました。

構成メンバーには、帯広市総務課職員、帯広市PTA連合会役員、帯広市教育委員会職員、北海道振興局職員、帯広測候所職員、一般有識者など11名が委員となり、PTA連合会会長が委員長に就任しました。

活動内容としては、夏休みや冬休み、平日夜間・土日などを利用して、親子で防災についての講話や訓練を体験できます。PTA行事や地域行事などで、親子防災講座により講習や訓練を行うなど、活動の広がりがみられ、本校の親子防災キャンプを実施する際に、活動を支援している組織です。

（2）親子防災キャンプの取り組み

北栄小学校PTAでは、毎年、児童の発達段階に合わせた親子レクリエーションを各学年で実施しています。各学年、PTAが主体となり工夫した活動を行ってきていますが、6年生では小学校生活最後の思い出に残る1泊2日のキャンプを実施してきました。

平成26年度より、これまで実施してきた親子キャンプを見直し、防災教育の要素を取り入れた親子防災キャンプを「帯広市親子防災講座実行委員会」の支援を受けて実施することになりました。宿泊を伴う講座としては市内で初めての取り組みとなり、6年生の児童とその保護者が参加し、継続して実施している行事となっています。

> スケジュール（例）
> 【1日目】
> 17：00　開会式
> 18：00　夕食
> 18：30　パーテーションづくり
> 19：30　防災教室
> 　　　　防災カードゲーム
> 20：30　自主防災倉庫を知ろう！
> 　　　　防災倉庫まで肝試し
> 22：00　就寝
> 【2日目】
> 6：00　起床　ラジオ体操
> 　　　　朝食
> 7：50　閉会式

防災キャンプの2日間のスケジュールや内容については、毎年、6年生の保護者と市の防災係の担当者、PTA三役、学校により、事前に何度も打ち合わせをして決定しています。防災の要素を入れながらも、小学校生活の思い出に残る楽

しいキャンプになるように、楽しく学べる内容やゲームなども取り入れながら、工夫して実施しています。

なお、防災の要素としては、以下の内容を組み入れて実施しています。

① 段ボールでのパーテーション作り

実際の避難所で使用することになる段ボールのパーテーションを組んで寝床を作り、体育館に1泊し避難生活を体験しました。

② 非常食の試食

帯広市の備蓄米（アルファー米）や、シチュー缶、クラッカーなどの非常食を親子防災講座から提供していただきました。作り方などを学び、実際に食べて非常食を体験。シチュー缶などの缶切りも体験させましたが、缶切りの使い方がわからず苦戦していました。何事も経験させることの大切さを感じました。備蓄米の山菜おこわは、お湯を入れて待つだけですが、もちもちとした食感でおいしかったという感想でした。

③ 自主防災倉庫を学ぶ

防災倉庫に入っているものや設置場所を確認し、その役割について学ぶことができました。実際に防災倉庫の中身を見る機会はないので、大変貴重な体験ができるとともに、どんな場面で、どんなことに使うのかを理解することができまし

た。また、棒や毛布で簡易担架を作り、実際に人を運ぶ体験も行うなど、非常時の対応などについても考えることができました。

学んだ後は、懐中電灯を片手に、自主防災倉庫に実際に行ってみるという肝試しをPTAが企画し、毎年楽しく実施しています。

④　防災カードゲーム

親子防災講座で取り組んでいる「なまずの学校」というカードゲームを実施しました。このカードゲームでは、地震などの災害で発生する様々なトラブルの場面を解決するのにもっともふさわしいと思う「なまずカード（アイテムカード）」を考え、その内容で得点を競い合うゲームです。グループ対抗で楽しく学び、防災に関する知識を身に付けることができました。ゲームの進行は親子防災講座が行い、保護者もグループを作って参加。保護者も一緒に考え、学ぶことができるゲームです。

3　成果と課題

親子防災キャンプは、PTA行事として親子で実践的に楽しく実施でき、児童とともに保護者も防災意識が高まることで大変好評です。また、帯広市親子防災講座の協力により、実際の避難所を想定した食事や寝床が提供され、災害時の防災の知識を体験的に学ぶことができました。

参加した児童の中には、「本当の災害の時にこの体験を生かしたい」「もしもの時、自分たちが教えられるようにしたい」などの感想もあり、自分や家族の命を守るために何が必要なのかを考えさせることもできたといえます。実施した年に、帯広でも震度4の地震がありましたが、素早く机の下に隠れるなど、家族以上に災害に対する意識が高まったと保護者からも好評でした。
　また、8月末に北海道に上陸した台風による大雨災害では、本校が35年ぶりに避難所として開設され、地域住民の約350名が避難してきました。その際、この防災キャンプを経験している教職員が備蓄米を提供したり、避難してきた児童や保護者が避難所運営を手伝ったりするなど、実際の場面において生かすことができたのも、この経験があったからだこそといえます。
　今後もPTAが主体となりながらも、学校や帯広市と連携し、体験を重視した内容を継続していくことにより、地域全体の防災意識を高めていきたい。

第 2 章　先進的な防災取組事例　　地震

事例 03 「生きぬく力」を育む防災教育

岩手県釜石市立大平中学校 PTA

> **PTA**　岩手県釜石市立大平中学校 PTA は会員 124 名、執行委員・学年委員・専門部（教養部・校外指導部・環境整備部）・地区 PTA で構成。
>
> **学　校**　大平中学校は生徒数 114 名。校訓は「剛健不動（生き抜く力）の心身の育成〜復興の主人公たる人材の育成〜」。復興教育を教育課程の柱として取り組んでいる。
>
> **地　域**　本校の学区は、釜石市の東南部、釜石港南岸に位置し、西には北上山地、東には雄大なリアス式海岸を臨み、海岸に迫る山麓に造成した住宅地によって構成されている。東日本大震災により、本校学区も海岸に近い地区は大津波にのまれ、これまでの様子とは一変してしまった。
> 　昭和 37 年に開校した当初は全校生徒 500 人を超えていたが、現在は全校生徒 114 人の小規模校となっている。
> 　PTA 活動に協力的な地域だが、震災の影響で地域のコミュニティーを再構築することが課題となっている。

1　はじめに

　本校では、防災教育を教育課程編成の核として取り組んでいます。岩手県全体で推進している復興教育で掲げている「未来を担う人づくり」を目指し、教育活動全体で自他の生命を大切にし、地域に対する理解と愛情を深め、主体的に復興に力を尽くす生徒を育てようと取り組んでいます。

　震災当時、まだ生活も安定しない状況の中、生徒は中学生の自分たちにできることは何かを考え、「地域に勇気と元気を与える活動」をすることにしました。そこで、仮設住宅や地域で清掃活動などのボランティア活動をすることに加え、中学生の元気な姿を見てもらおうと合唱や大平ソーランを披露してきました。

　震災によって、たくさんのかけがえのない大切なものを失いました。しかし、震災を体験したからこそ、命の大切さや人とのつながりの大切さ、郷土愛など、

改めて実感したこともあります。

　震災から5年が過ぎ（平成28年執筆時）、道路や住宅、市街地の整備が進み、少しずつ復興の兆しが見えるようになってきています。そして今後、震災を体験していない生徒が入学するようになってきます。そのような状況だからこそ、震災の体験や震災を通して学んだことを語り継ぐことが一層重要になってくると考えます。

2　本校の防災教育（いのちの教育）

（1）基本的な考え方
　釜石市では「いわての復興教育」を基盤として、全ての公立幼稚園、小・中学校において「いのちの教育」の実践を進めています。この「いのちの教育」では、4つの視点（①命、②安全、③郷土愛、④社会貢献）を基に、各学校の実情に応じて、教育活動全体を通して体験的・組織的な実践を行っています。

（2）本校の「いのちの教育」の基本方針
　①　自らの安全を確保するための判断力や行動力の育成を図る。
　②　生命の尊重や地域の安全のために貢献する心を養う。
　③　防災に関する知識、理解を深める学習を行う。

（3）具体的実践内容
　①　心の教育の充実

　「命」の領域として、道徳の授業を柱とし、教育活動全体を通して命の尊さや感謝の気持ち、他者理解など、心の教育の充実に向けた取り組みを進めています。心の教育を進める上で、保護者との連携が不可欠です。そこで、一年に一回道徳の授業参観を実施し、保護者に本校の道徳教育、学校で進めている心の教育について理解をしてもらい、共通実践ができるようにお願いしています。

　また、毎年「いのちの講演会」として外部から専門家を招いての講演会を実施しています。昨年度は埼玉医科大学総合医療センター緩和ケア推進室の儀賀理暁先生、今年度は釜石病院の助産師さんの講演を聞き、改めて「命の大切さ」について考える機会となっています。

　②　防災授業

　「安全」の領域として、災害理解や災害時の対処、発災後の対処を体験的に学ぶことを目的とし、防災授業を実施しています。

ア　全校：救命救急訓練（心肺蘇生とAEDの操作）

釜石消防署の消防士の方々の指導のもと、心肺停止の人に遭遇したときの対応について、毎年全学年で訓練を実施しています。毎年行うことで、救命救急の方法をより深く理解し、実際の場面で適切に行動できることを目指しています。

写真1　段ボールと新聞紙を使った簡易トイレを作成

イ　1学年：避難所について考える
　　　～簡易トイレ設置実習～

避難所となった場合に必要なことを生徒達に考えさせ、体育館のトイレが使用できなくなったことを想定し、新聞紙や紙おむつでの代用方法、防災倉庫にあるゲル化剤の使用実習、簡易テントの存在や衛生面について考えさせます。

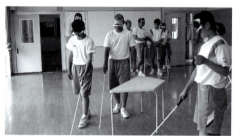

写真2　目隠しをして視覚障害の方の大変さを体験

ウ　2学年：キャップハンディ体験

岩手県立福祉の里センターの職員の方を講師に、高齢者疑似体験や下肢障害体験、視覚障害体験及び介助体験を行います。災害発生時だけでなく日常生活でも身体にハンディのある方々の身になって考え、行動することを学びます。

写真3　ハイゼックス袋を利用した炊飯実習

エ　3学年：炊き出し実習

日本赤十字の職員の方々を講師に、停電で少しの水しか使用できなくなったと想定し、ハイゼックス袋及び家庭用鍋を使用しての米飯炊き出し実習を行います。炊飯器を使用する以外の方法での炊き出し方法を学び、災害時に役立てられるようにします。

③　全校ボランティア

「郷土愛・社会貢献」の領域として、学区内の仮設住宅や老人介護施設を訪問し、年間2回のボランティア活動に取り組んでいます。「地域に元気と感謝を伝

えよう」を合い言葉に、仮設住宅周辺の除草作業や窓ふきをしたり、ご用聞きをして仮設住宅に住む方々の要望に応えたりします。また、活動の最後に住民の方々に集まっていただき、合唱と大平ソーランを披露し楽しんでいただいています。

このボランティア活動は東日本大震災後から継続して行っている活動で、今年で6年目を迎えます。仮設住宅の方々と直接接することで生徒達は人と人とのつながりの大切さを実感するとともに、自分たちが地域のためにできることをしていきたいという気持ちを強く持つようになっています。

写真4　お知らせのポスター

④　総合防災訓練

11月に生徒会が中心となって避難所運営をする総合防災訓練を実施しています。この訓練は、これまでの学習等で得た防災に関する知識や技能、判断力が実際に災害に遭遇した場面で本当に使うことができるかどうかを体験的に学ぶことを目的にしています。また、生徒が大人になって災害等に遭遇したとき、どこに行ったとしてもそれぞれの地域の一員として「助けられる側」から「助ける側」へという意識を持ち、自分の役割を自覚し、主体的に行動できるようになってほしいとの願いから実施しています。

訓練は、20XX年大地震が発生し、高さ不明の津波が襲来したことを想定して始まります。さらに、災害発生とともに停電になり電気が使えない。校舎が地震で被害を受け教室が使えない。調理室は使える状況だがガスは使えない。水道はかろうじて出ているが、タンクが空になったら使えなくなる。道路が寸断され救助がくるまで3日間生活しなければな

写真5　仮設住宅前の広場で大平ソーランを披露

写真6　畳や毛布を敷いて避難所設営

写真7　生徒会が本部となり指示、避難してきた人の名前を記録

らない。などの条件の下、生徒達は自分たちで避難所設営・運営を行います。

訓練時には、教師は生徒達の安全面に関すること以外は一切口出しをしないで生徒の活動の状況を見守ります。1年生とPTA、地域の有志の方々が避難民として、様々な困難を抱えている想定で集まる中、生徒自らが避難所を

写真8　けが人の応急処置

開設し、けが人の手当てや水の確保、炊き出し等を行います。また、火災が発生したり、心肺停止で倒れる人が発見されたりします。その都度、生徒たちは状況を把握し、懸命に考え、判断し、行動します。様々な難題が降りかかる中で、やるべきことを遂行しなければなりません。

当然、失敗や自分から進んで行動ができない生徒もいます。しかし、そういった失敗や経験も生徒にとって大切な経験となると考えています。この訓練を通して避難所運営の大変さを体験的に学び、万が一の時には自分のできることを積極的に取り組みたいという気持ちを持つ生徒が多くいます。

3　成果と課題

（1）成　果
① 防災教育（いのちの教育）を通じて、地域のために自分たちができることを積極的に取り組もうとする意識が高まったようです。
② 関係機関の協力を得て実施した防災授業を計画的に実施することにより、生徒一人一人の防災に対する知識・技能が高まり、学習した内容が総合防災訓練で生かされました。
③ 保護者や地域住民の有志にも参加していただき総合防災訓練を実施することにより、保護者や地域の理解が深まり、連携が強まりました。

（2）課　題
① 現在、震災を本校で経験した教職員は全員他の学校に異動し、その当時の本校の様子を知っている教員はいなくなりました。まずは、教職員の間でしっかりと震災の経験を語り継ぎ、共通理解をすすめることが必要です。
② 総合防災訓練では、保護者や地域の参加者を徐々に拡大させること、更に小学校との連携も検討することが大事です。

事例 04 PTA災害からの学びと教訓・防災事例 〜3・11の経験から学んだこと〜

宮城県石巻市立東浜小学校父母教師会　佐々木千早

> **PTA**　石巻市立東浜小学校父母教師会の平成28年度会員数は、10名。ほとんどが役員を行っている状況である。子どもたちの健やかな成長を願って、年間を通して活動を行っている。特に毎月1回役員会を開催して、行事についての協力体制についての話し合いを行いながら、地域及び学校と協力して活動している。
>
> **学　校**　東浜小学校は、児童数14名。学校教育目標は、「自己ベストを目指し、心豊かでしなやかにたくましく生きる児童の育成」である。
> 　本校の特色ある活動として、①伝承活動、②交流活動、③連携活動がある。
> 　①では、地元に伝わる獅子風流（ししふり）を保存会の方の指導をいただきながら取り組んでいる。運動会、地区回り等で披露している。
> 　②では、本地区の根幹産業である牡蠣（かき）漁を迎える前に、保護者、祖父母に日頃の感謝と励ましを込めた交流を行っている。
> 　③では、保育所、中学校との合同で、運動会、文化祭、他の発表会などを実施して、地域の方や保護者に披露している。
> 　地域に開かれ、地域とともにある学校の確立を目指している。
>
> **地　域**　宮城県石巻市にある牡鹿半島の中間にある狐崎半島が本校学区となっている。ここは、石巻市の東南端に位置し、市の中心部より約30ｋｍ離れたところにある。北、西、南は海に面しており、東は小積浜地区（荻浜小学区）及び小網倉浜（大原小学区）に面している。平成23年3月11日の東日本大震災により、学区にある5つの浜（狐崎、福貴浦、鹿立、牧浜、竹浜）は、甚大な被害を被った。主産業として牡蠣の養殖業を営んでいた漁師にとっては、まさに壊滅的な状況であった。住民の中にも、犠牲者が出た。

1　実践のきっかけ

　3.11当時、本来は地域集会所としての体育館でしたが、天井が落ちてしまい避難所としての機能が果たせなかったので、校舎の1階教室を被災した地区民に

開放していました。仮設住宅ができるまで、地区民の方々には不自由な生活をさせることになりました。その後、全国から多くの支援をいただきながら、復興への歩みを一歩ずつ一歩ずつ進めてきました。その当時の東浜地区災害対策本部長であった豊島富美志氏（現牧浜地区区長、現本校学校評議員）から、壊滅的な被害の状況や支援をいただいた団体等のことを記した著書『3.11　あの日から』を頂戴し、生々しい事実を読ませていただきました。本校の防災教育を推進する上で、防災・減災への足がかりとしての貴重な資料となっています。

2　地域との連携活動の実践

（１）地域の防災訓練と一緒に

　平成26年度から、市内一斉に石巻市総合防災訓練が実施されました。避難所となっている本校でも、避難してくる住民と一緒に、どんな訓練ができるかを考え、より体験的な実践をこれまで実施してきました。

　3.11規模の地震・津波が発生した場合、避難所になっている本校の体育館に、本校職員が出動することは、不可能なのが現実です。従って、避難所の開設は、地区民に委ねることになります。本校に近い牧浜地区と竹浜地区の両区長に、体育館のマスターキーを貸し出しておき、有事の際の避難所開設を依頼しています。

① 　平成26年度の実践（参加者：地区民・16名、職員・3名）
　○ 体育館（へき地集会室）への避難誘導
　○ 防災倉庫の災害用物品の確認（発電機、投光器、簡易トイレ便座等）
　○ 体育館内（へき地集会室）の災害用物品の確認（水、食料、マット　等）
　○ 食料の試食（賞味期限が切れそうな物：ミルクビスケット）

② 　平成27年度の実践（参加者：地区民・19名、職員・3名）
　○ 防災倉庫の災害用物品の取り扱い方の確認
　　・簡易トイレ便座の設置と収納
　　・パーソナルテントの設置と収納
　○ 体育館内の災害用物品の取り扱い確認
　　・アルファ米炊き出し体験
　　・ミネラルウォーターの試飲

写真1

③　平成28年度の実践（参加者：地区民・15名、職員・3名）
　○　防災無線を聞いて体育館へ避難誘導
　○　体育館内の災害用物品等の取り扱い確認
　　・太陽光発電による照明等の確認
　　・現有物の確認
　　・新規物品の整理整頓（新規補充分）

写真2

（2）児童への防災に対する啓発活動

①　平成26年度の実践（地区を知るⅠ：総合的な学習の時間・6時間扱い）
　○　祖父母や父母への取材活動を基にして、地区に実地踏査をし、『東浜三世代マップ～未来に残したい場所～』を作成。学区にある5地区についてまとめました。できたマップを1・2年生に発表し、ふるさとの良さを伝えました。

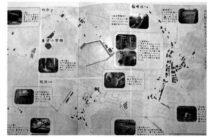
写真3

　○　子どもたちは、祖父母世代・父母世代の遊びを通して、自分達のふるさとにあるすばらしい自然の景観や遊び場へのルートも、忘れないように心に刻みました。

②　平成27年度の実践（地区を知るⅡ：総合的な学習・6時間扱い）
　○　前年度に地区を実地踏査していたので、『東浜の逃げ地図』作成には意欲的に取り組むことができました（隣同士の地区を一緒にし3地区分作成）。
　○　自分達の身近な地域で地震・津波が来た場合に、どのルートを通れば安全に高台に避難できるか、地図を作成する過程で確認し合いました。

写真4

③　平成28年度の実践（各家庭で親子で確認：石巻市総合防災訓練の日）
　○　前年度作成した『東浜の逃げ地図』を参考にして、【緊急時避難個人カード】に親子でどこに逃げるかを書き込み、確認してもらうことにしました。
　○　一度学校で回収し控えをとって、家庭に返すようにしました。各家庭に掲

示することによって、有事に対する備えができるように、協力を求めました。

○ できれば、この個人カードを活用することがないことを願っています。

写真5

3　成果と課題

（1）成　果

○ 石巻市総合防災訓練当日に、本校の体育館に避難し、どんな災害用物品があるのかを知ってもらったことは、とても有意義な活動になりました。災害用物品のリストも新しいものにリニューアルし、現在の在庫量等が、わかりやすいように表示しています

写真6

（賞味期限があるものは、その都度補充し、書き換え作業を行っています）。

○ 賞味期限切れが近い品物を利用して、実際に作ってみるという体験は、本当に有意義でした。【アルファ米炊き出しセット】では、水を入れるだけでご飯が炊けたことに、参加者は一様に目を丸くしていました。しかもまた、その味がとてもおいしいのです。大震災後、避難所生活を経験し、物資が行き渡らずにひもじい思いをした方から、「あの時、このアルファ米があったら、どんなに良かっただろう。陸の孤島になっていたので、校庭に書いたSOSを見て、静岡の救難隊がヘリコプターで降りてくれた。それから、救援物資が届くようになったのだから。」と話してくれました。

○ 子どもたちにとって2年間にわたるマップ作りは、地域を知る良い機会となりました。この企画は、筑波大学、東京工業大学、名古屋工業大学、東北工業大学の各研究室を中心とした【一般財団法人アーキエイド／半島支援勉強会・小学校ワーキンググループ】の支援により、大学生と大学院生のサポートをもらいながら実践することができたものです。「そんなに遠くない避難経路でしたが、体力を使う道なので、お年寄りは気をつけたほうが良いと思いました。特に神社の階段は急な傾斜で、手すりをつける等して、お年寄りが楽に登れるように直したほうが良いと思います」という感想を、6年生のA君から聞きました。子どもたちも体験したことで、ふるさとについて、主体的に見つめ直す良い機会となりました。

（2）課　題

○ 石巻市総合防災訓練は、市内に広報誌や防災無線等で周知されているはずです。しかし、避難所（東浜小学校体育館）への参加人数が伸びません。行政区長や民生児童委員等とも今後のあり方を検討していく必要があります。
○ 「のどもと過ぎれば熱さ忘れる」ということがないように、子どもの安心・安全を確保するためにも、保護者と共にPTAで学校としてできる限りのことを考えて、更に充実した活動になるようにしていきたいと思います。

4　終わりに

　本校の近所では造成工事も終わり、急ピッチで復興住宅建設が進められ、多くの方が仮設住宅から移り住んできています。まだまだ復興は道半ばですが、高台にある本校のグラウンドから牧浜の海が見えるようになり、視界が開けてきました。遅々としてではありますが、確実に前進していることを実感しています。

　この地域の本当の復興は、子どもたちの生き生きとした姿に未来を見出し、一歩でも前に進もうとする地域の方々の生活意欲の喚起であると考えます。子どもたちの一生懸命に生きる姿を見せれば、笑顔になり、明日も頑張ろうとする勇気や意欲を地域の方々に与えることができます。【子どもが変われば、保護者が変わり、地域が変わる】ことを願い、心の復興が加速することを信じています。

第 2 章　先進的な防災取組事例　地震

事例 05　保護者・地域と連携した防災学習の取組

宮城県気仙沼市立鹿折中学校父母教師会　阿部行広

PTA　宮城県気仙沼市立鹿折中学校父母教師会は会員 144 名。本部役員、学年部役員、広報部・文化部・厚生部の各専門部役員で構成。「子どもたちのために、地域のために、そして会員皆のために」のスローガンのもと、会員相互の理解と信頼を築き、一人でも多くの参加・協力のもとに生徒の健全育成を推進する様々な活動を行っている。

学　校　気仙沼市立鹿折中学校は、生徒数 151 名。学校教育目標は「自ら未来を見据え、心豊かに力強く学び続ける生徒の育成」。気仙沼市の北東部に位置し、南側の沿岸部から北側の山間部まで学区が広がっている。現在は、東日本大震災の体験を踏まえ一層の防災教育に努めるとともに、生徒が安全・安心に生活できる環境整備を図る取り組みを実践している。

地　域　宮城県気仙沼市の北東部に位置し、震災前の学区の人口は7,743 名であった（なお、平成 28 年 10 月現在は、5,223 名で、震災後、人口の 3 割以上が減少しています）。学区の中心部には商店街・水産加工場・鉄工場があったが、震災による津波とその後の火災で壊滅状態になった。現在は、かさ上げ工事などが進み、跡地に災害公営住宅が建設されたり、商店が再建されるなど、少しずつ新しいまちづくりが進められている。また、震災前は、地区内に 26 の自治会があったが、現在は、21 の自治会に減り、活動を休止しているところもある。

1　これまでの防災学習の取り組み

　鹿折地区では、以前から地域ぐるみでの防災に関する取り組みを熱心に行ってきました。平成 21 年から 2 カ年にわたり、「鹿折地区津波に強い町づくり」検討会議を定期的に開催し、宮城県気仙沼土木事務所、気仙沼市危機管理課、各自治会長、地区内の企業代表、小学校、及び中学校の職員等が参加し、防災の在り方や避難の方法等について、多面的で具体的な検討を重ねてきました。さらに、中学校においても、総合的な学習の時間のなかで、生徒の体験活動を重視した防災学習に取り組んでおり、平成 21 年度の「第 13 回防災町づくり大賞」においては、優良事例に選ばれるなど、それまでの継続的な試みが、一定の評価を受けました。

今回の大震災は、想定を超えた甚大な被害をもたらしましたが、反面、人的な被害が少なかったことや、震災後、被災者に対する中学生の適切な対応が見られたことは、今までの防災教育が生かされたものといえます。

2　保護者・地域と連携した防災学習の実践

（1）震災直後における活動

　市の指定避難所となっていた中学校の体育館には、地震発生後から大勢の方が避難してきました。2日後の3月13日（日）には支援物資等が届きはじめ、避難所の体制も整ってきました。電気も水道も電話も通じない初めの2日間が本当に厳しい時期でした。次々避難してくる人、震えながら運ばれてくる人等々。連携というより、保護者も地域住民も、また、学校職員も生徒も互いに支え合い、励まし合って必死に過ごしてきました。

　ご近所の方やPTA会員の中には、そのような中で、家にある貴重な食料を提供してくれたり、毛布や薪等を提供してくれるなど、多くの方々に助けられました。備蓄品の運搬・配布では、地域の方とともに中学生も活躍しました。翌日の12日には、市の職員が対策本部を体育館に設置し、避難所運営の中心となりましたが、軌道に乗るまでは、支援物資の保管や病人への対応等、地域・学校・保護者がしっかり連携し、乗り切りました。13日以降、

震災直後の様子

運動会での交流の様子

自衛隊が駐留して食事提供が開始されたり、横浜市を中心とした医療チームが学校の保健室に常駐して病人の診療にあたったり、ボランティアの方々が支援物資の仕分けや避難住民の方のお世話をしたり、と体制が整ってきました。そのような中でも、PTAとして学校との情報交換や連携は続けてきました。

　学校再開後も、生徒たちは総合的な学習の時間や学校行事などを活用し、避難所

の人たちとの交流を続けました。PTAとしてのまとまった活動はできない状態でしたが、できるだけ学校の活動に協力し合おうという意識はもち続けていました。

（２）震災の経験を踏まえた新たな防災学習の取り組み

鹿折中学校では、甚大な被害を受けた東日本大震災の経験を踏まえ、震災後、新たな防災学習に取り組んでいます。現在、①「自らの身を守り、乗り切る力」の育成、②「知識を備え、行動する力」の育成、③「地域の安全に貢献する心」の育成、④「安全な社会に立て直す力」の育成、⑤「安全・安心な社会づくりに貢献する心」の育成、の５つの目標を立て、総合的な学習の時間を中心に、「自助」「共助」「公助」の３つのテーマを基盤として、さまざまな取り組みを行っています。平成24年度から配置された「防災主任」、及び平成26年度から配置された「防災担当主幹教諭」（現在は「安全担当主幹教諭」）のリーダーシップの基、特に、自分の命を自分で守る＝「自助」を第一と考えた防災学習に取り組んでいます。

【平成28年度の防災学習計画】
4月：通学路、避難経路の確認
　　　緊急連絡・引渡カードの作成
5月：防災学習ガイダンス
　　　災害公営住宅建設現場見学
6月：地震対応避難訓練
　　　小中合同緊急時引渡訓練
7月：防災マップ作り
　　　支援先への感謝の手紙作成
8月：家庭の備蓄品、非常持ち出し袋調査
9月：防災講話（気仙沼市の防災体制について）
　　　救命・救急講習①
10月：救命・救急講習②
11月：気仙沼市の総合防災訓練に合わせた１次避難訓練、避難所設営訓練、引渡訓練、火災想定避難訓練
3月：「みやぎ鎮魂の日」を受けて（風化防止のために）

防災マップ作り

防災講話の様子

加えて、今年度から、毎月11日前後を「防災学習の日」とし、宮城防災学習副読本「未来への絆」などを活用した防災学習も行っています。

（３）保護者・地域との連携の実際
① 仮設住宅の方との合同避難訓練
　震災後から現在まで、中学校の校庭に120世帯に及ぶ仮設住宅が建てられていますが、そこに暮らす方々との合同避難訓練を、年2回（春に地震想定、秋に火災想定）行っています。毎年、多くの方に参加していただき、避難後の活動を生徒と共に行っています。

② 緊急時保護者引渡訓練
　災害時や緊急時に、生徒を安全・確実に保護者に引き渡すことができるように、引渡訓練を行っています。地区内の小学校と連携し、日程や引渡時間等を決めて行います。

仮設住宅の方との合同避難訓練

平日の午後にもかかわらず、今年は、約84％の家庭が参加しました。

③ 救命・救急講習
　「応急手当の仕方やAEDの使い方を学ぶことで、緊急時の対処の仕方を身に付け、災害時や緊急時に役立てようとする意欲をもたせる」という目的で、中学校で行っている救急・救命講習に、今年から保護者も参加することにしました。なかなかこのような講習を受ける機会がない保護

講習に参加した保護者

者にとって、とても良い体験となりました。今後は、PTA行事の一つとして年間計画に組み入れ、多数の参加を呼びかけたいと考えています。

④ 総合防災訓練での連携
　気仙沼市では、毎年11月の第1土曜日に「気仙沼市総合防災訓練」を行っています。今年は、11月5日（土）に開催されました。市の訓練は、指定された地区を中心に、避難訓練や安否確認訓練・救助訓練などを行います。
　鹿折中学校では、独自にこの日に「総合防災訓練」を行いました。この訓練の目的の一つに、「地域や保護者と連携し

第2章 先進的な防災取組事例　地震

た訓練を行うことにより、地域の一員として、防災・減災に関わろうとする意欲を高める」とあり、PTAとしても、できるだけ多くの参加者が集まるように会員に呼びかけをしました。

第1部の1次避難訓練では、市の防災無線による「訓練地震発生」及び「大津波警報発表」に合わせて、自宅から指定された避難場所に避難する訓練を行いました。保護者だけでなく、近所の方にも声掛けをして、一緒に避難した地区もありました。

第2部は、中学校の体育館で避難所設営訓練を行いました。PTA役員を中心に、避難者、生徒と一緒に避難所設営に加わる人など、多くの保護者に協力していただきました。また、仮設住宅の方や近隣の方なども避難者役として参加していただき、学校・保護者・地域が連携した防災学習となりました。

3　成果と課題

(1) 成果

震災後5年が経過しましたが、中学校で行っている防災学習にPTAとして関わることによって、実際に学習している子どもたちだけではなく、保護者・地域の方々にも「震災を忘れない」という思いが続くと共に、様々な訓練をとおして、防災・減災の意識を常にもって日常の備えをすることの必要性を感じさせることができたと思います。この地域は、過去に何度も地震や津波の被害を受けている地域です。そこに暮らす我々にとって、今後あのような規模の地震・津波が起きても、被害を最小限にとどめることができるようにしていきたいと考えます。

(2) 課題

東日本大震災で市内で一番の被害を受けた鹿折地区は、商店街や水産加工場があった中心部が壊滅的な状態に陥りました。現在では、土地のかさ上げ工事が進み、少しずつ新しい町に生まれ変わろうとしています。コンビニエンスストアや飲食店が建てられ始め、災害公営住宅も完成しました。しかし、地区住民をまとめる自治会の再編はもう少し時間がかかるのが現状です。そのため、地域と連携した活動については、現在のところ「できる範囲で」というところが正直なところです。もう少し時間が経ち、町が落ち着いたところで、改めて「学校・保護者・地域が連携した防災学習」を考える必要があると思われます。

万が一に備えて
～家庭・学校・地域とともに～

福島県いわき市立菊田小学校PTA　森 久長

| PTA | 会員数400名を超え、文化、施設、厚生、交通安全母の会、校外補導、本部で構成。活動、行事を廃止せず、継続していくことの大切さ、地域との連携を念頭に取り組んでいる。 |

| 学　校 | 福島県いわき市立菊田小学校は明治7年開校、学級数20学級。「返事」「あいさつ」「くつそろえ」の3つを親と子の成長の合言葉に掲げ、今年度（平成28年度）は、隣接する植田小学校と植田中学校との連携強化により「つなぐ教育」を推進している。 |

| 地　域 | いわき市は福島県の南部に位置し、約人口35万、市制施行50周年を迎える。海と山に囲まれ自然豊かな太陽が輝く（サンシャインいわき）中核都市である。 |

1　はじめに

　いわき市は温暖な気候に恵まれ、今まで大きな災害を受けることが少ない地域でした。沖縄、九州地方では大きな勢力を持っていた台風も関東地方を過ぎ、東北地方南部にさしかかるにつれ、勢力は弱まり太平洋へと進路を変え通り過ぎてしまいます。2011年3月11日の東日本大震災、翌月の福島県浜通り地震を受け、初めてと言って過言ではない大きな自然災害に見舞われ、多くの方が被害を受けました。この教訓を受け、様々な方々、団体を通じて防災に対する意識改革がなされてきたように思えます。その中で私たちPTAが学校、地域、行政と連携して取り組んできた防災事例について、ご紹介したいと思います。

　この事例でご紹介する内容には、方部連合PTAによる活動も含まれています。

2　行動を約束する

　本校の防災への取り組みとして、引渡し訓練があります。2つの目的を掲げ、保護者、先生方との間で取り決めをし、子どもたちの安全確保のために行っている事例をご紹介します。

「目 的」
1）非常災害時に児童を学校で待機させる場合の校内体制及び保護者への引渡しの仕方についての教職員の共通理解を図るとともに、災害発生時における児童に対する的確な指示、誘導等ができるようにする。
2）非常災害時における児童の安全確保を図るための対応の仕方について、保護者との共通理解を図り、状況に応じて的確な判断のもと安全確保ができているようにする。

「内 容」
1）自然災害等（地震、雷、大雨、台風）発生を想定し、教室にて児童を待機させる（学習、読書等させながら）。
2）「一斉メール」により、保護者等へ教室で引渡しをする旨の連絡を行う。
・引渡しは学年別に行うが、兄弟関係がいる場合には、同時に行う。
3）保護者は、各昇降口より校舎内に入り、各教室へ向かう。
・駐車場は校庭を利用する。
4）教室にて、担任が保護者等に引渡しを行う。
5）引渡しカードで保護者等を確認してから引渡す。
誰に、いつ（何時）引渡したかを名簿等に記入しておく。

「ルール」
1）一斉メール、電話がつながらない場合は、基本的に学校待機の対応とし、必ず直接保護者等に引渡す。
2）駐車場（校庭）への出入りは、混雑を避けるため、入口（正門）→出口（裏門）の一方通行とする。

このような約束の上で計画（P）、実行（D）、評価（C）、改善（A）しながら、万が一に備えて、どう行動すべきかを学校と一体になって実践しています。

災害はいつ起きるかはわかりません。訓練は予告して実施するものであり、日常生活において、保護者が仕事中、外出中であった場合の想定や学校を離れた校外活動時における想定での訓練ができないため、学校、家庭において、日頃、子どもたちとどうすべきかを話し合っておく必要があると思われます。平日の訓練実施には、地域全体の理解が必要不可欠であり、実施は困難かと思いますが、ある一定の約束をして繰り返すことで、災害発生時の不測の事態への

引渡し訓練

対応にゆとりがうまれることを確信しています。

3 生きる力を育成する

　新たな防災教育として、「楽しさ」をキーワードにした、ユニークな防災教育プログラムへの取り組みを行っています。阪神・淡路大震災での経験を踏まえNPO法人「プラス・アーツ」（神戸市中央区）さんが提案されてきた防災訓練プログラムに行政、地域、PTAが連携し、5年前から毎年夏休み期間を利用して、いわき市内6地区の学校、公民館を開催場所として協力し実施しています。

　本校のあるいわき市南部地区の「勿来・田人方部」には、小学校が10校、大きな公民館が4つあり、昨年度は、本校に隣接する山田公民館が開催場所に選定されました。その際、地域の山田地区区長会、山田ふれあい福祉の会、山田防犯協会、消防団、いわき市勿来消防署、いわき市水道局、いわき明星大学復興事業センター、南部地区公民館職員、新採用教諭、本校子ども会育成会の皆様方と共に本校PTA役員により子どもたちが防災知識を学ぶ1泊2日の「レッドベアいわき防災サマーキャンプ」に参画した事例をご紹介します。

「目　的」
・防災をテーマとした宿泊体験や体験学習プログラムを通して、災害時等の困難な状況においても、自ら考え、互いに助け合い、生き抜くための知識や体験を提供することにより、本市の復興を担う子どもたちの防災意識を高め、他者を思いやる心や行動できる力などの"生きる力"を育成する。
・事業の企画・運営について、地域住民や教職員の参画を得ながら実施することで、地域防災力の向上及び防災教育の推進を図るとともに、地域の絆づくりにつなげる。

　　　　　　　　　　（平成27年度いわき防災サマーキャンプ事業について　抜粋）

「内　容」
　1日目：様々なプログラムの体験及び練習
　2日目：班対抗オリエンテーリング（ゲーム形式）
〔主な防災体験プログラム〕
　○防災の「知識」を学ぶプログラム
　　①持ち出し品なぁに？クイズ
　　　・身近にある物の災害時の活用法を学ぶ
　　②応急手当ワークショップ
　　　・身近にあるものでの応急手当方法を学ぶ

③防災カードゲーム「なまずの学校」
　　　④シャッフル
　○防災の「技」を学ぶプログラム
　　　①対決！バケツリレー
　　　②毛布で担架タイムトライアル
　　　　・怪我人役が蛙の人形となり、毛布で担架を作り運ぶ訓練
　　　　・怪我人に声を掛けたり、担架の進む方向を学ぶ
　　　③水消火器で的あてゲーム
　　　　・消火器の使い方を学ぶ
　　　④ロープワーク
　　　　・様々なロープの結び方を学ぶ
　　　⑤紙食器づくり
　　　　・新聞紙や広告紙を使い、ビニール袋、ラップを敷きお皿、コップなど食器を作る
　○その他プログラム
　　　①講話「震災写真などから見るいわき」
　　　　・震災当時の状況を大学研究員や地元の方々の資料をもとに振り返る
　　　②講話「水道水について」、給水体験（給水車、ろ過装置）
　　　　・水道水、給水車、ろ過装置について学ぶ
　　　③煙体験
　　　　・低い姿勢を保つことを学ぶ
　　　④ビニール袋炊飯
　　　　・炊飯器はなくともご飯が炊ける体験

　これらの体験プログラムを通じ、1日目に学んだことを2日目には班対抗のゲーム形式で復習します。上手にできると缶バッチがもらえます。競争意識の中で、前日学んだことを復習し、より多くのバッチを獲得するため、子どもたちは、班をまとめようと一生懸命にリーダーシップを発揮する場面や友達を応援する姿と初めて出会った他小学校のお友達と2日間にわたる集団行動で協働、思いやりの心を学んでいました。子どもたちの文集には、「勉強になった」、「友達にも教えてあげる」、「楽しかった」、「本番でできなくて悔しかった」「災害が起きたら使ってみる」など、学びの記憶と思い出に残る体験をさせることができました。
　私たちPTAも二日間のサポートをする中で、子どもたちの真剣な表情と笑顔に接し、楽しいひと時を過ごすことができ、さらに携わっていただいた方々との

きずなづくりができたことも成果の一つではないでしょうか。

　このキャンプへ参加した子どもたちが、今回の学びを通し、万が一の事態に地域のリーダーとして活躍することを願っています。

防災キャンプ１　　　　　　防災キャンプ２　　　　　　防災キャンプ３

4．まちを守る

　本校のあるいわき市は太平洋を望む場所にあり、先の大震災において沿岸部の広い地域で津波被害が起きました。

　この教訓を踏まえ、市内各海岸では防潮堤の整備が進められ、更に７か所の防災緑地を建設することになっています。この防災緑地については、「震災の遺構の設置」・「希望モニュメント＆タイムカプセル事業」・「どんぐり里親プロジェクト」等の各種事業や将来の利活用を検討している地域NPO法人「勿来まちづくりサポートセンター」（いわき市佐糠町）さんから本校PTAが属する「勿来・田人方部連合PTA協議会」に協力依頼がありました。その中で２年前の声掛けにより、参画してきた「どんぐり里親プロジェクト」についての取り組みをご紹介します。

「目　的」
・地元の小中学生が自分で育てた苗木を自分で植樹することで郷土愛の熟成につなげる。
・自分の成長とともに樹木が成長するため、折に触れ訪ねる機会を多く持ってもらう。
・バーベキューやアートイベント等を通して下刈りや美化に協力してもらうことで維持管理に寄与する。

「内　容」
　防災緑地は、地域の皆様と行政の話し合いにより整備が進められています。
　その中で私たち方部連合PTAが賛同し活動していることは、広葉樹の苗木やどんぐりを採取し、植樹されるまでの期間、里親として育てる活動を支援するこ

とです。

〔スケジュール〕

〇 2015 年度
　①苗木の配布（既に採取され育った苗木）
　②防災についての講習会実施
　③苗木・どんぐり採取への参加（次の苗木配布に向けた準備）

〇 2016 年度
　①苗木の配布（既に採取され育った苗木）
　②防災ワークショップ開催
　③苗木・どんぐり採取への参加（次の苗木配布に向けた準備）

〇 2017 年度
　①苗木の配布（既に採取され育った苗木）
　②記念植樹（自分の手で育てた苗木を防災緑地帯に植樹）

防災緑地1

防災緑地2

　3回計画されている苗木・どんぐりの採取では、生態系の保全を理由に地元（小浜町・岩間町）の広葉樹の苗木やどんぐりをウォーキングにより採取します。また、同時に津波被災地、岩間町の高台移転地の現状を歩いて見てまわり、震災のその後について考える機会を持つことも目的としています。

　津波、暴風雨といった自然災害に対して減災効果の意義を持つ防災緑地を将来にわたり見守り続けることが大切であり、子どもたちが親世代になり、さらにその先まで継承していってくれることを願い参画した活動でもあります。

　この活動を通し、関係する団体、地域の方々とのふれあいもあり、子どもたちがあらためて、大震災を振り返る良い機会を得られたと感じています。

5　終わりに

　今回、ご紹介した事例は、単独PTAによるものというよりも、サブテーマに

ありますとおり、家庭、学校、地域、そして行政がかかわってのものとなりました。継続して取り組んでいる間には課題が発生し、検討、改善が行われます。これらの取り組みにより、複数の団体や個人の方々との協力により進められたこと、大変有意義なことであったと思います。

　今後とも、地域社会と連携をはかり、子どもたちが健やかに育つ環境作りと過去の教訓を忘れない取り組みを支援していきます。

第 2 章　先進的な防災取組事例　火山

事例07　防災訓練の要素を取り入れた PTA 活動

東京都荒川区立原中学校 PTA

> **PTA**　荒川区立原中学校 PTA は「子育ては親育て」を合言葉に保護者・教職員・生徒・地域を巻き込んで"チーム原中"として、よりよい教育環境を目標に活動に取り組んでいる。
>
> **学 校**　荒川区立原中学校は、平成 6 年（1994 年）創立。学校の近くを隅田川が流れ、緑豊かな尾久の原公園に近く「母校に誇りをもち、ふるさと荒川、そして日本を愛し、世界に目を向けグローバルな活躍ができる生徒の育成」を目指している。
>
> **地 域**　荒川区は、東京 23 区の東北部に位置しており、総面積は 10.16 平方キロメートルで、23 区中 22 番目の広さ。総人口は約 21 万人。「幸福実感都市あらかわ」を目指すべき将来像として、物質的な豊かさと経済効率だけでなく、心の豊かさや人とのつながりを大切にした、区民一人一人が真に幸福を実感できる町を目指している。

1　実践のきっかけ

　東京都都市整備局がおこなう"地震に関する地域危険度測定調査"において災害時の活動困難を考慮した危険度ランクが高いとされる荒川区の一部地域のなかで、特に原中学校の学区域は危険度ランクの高い地域です。そのため地域において防災への意識が高く、防災訓練などは定期的におこなっていますが、子育て世代の訓練参加率が年々下がりつつあるように感じていました。地域の防災訓練や学校で取り組んでいる生徒への防災に関する学習と比較し、子育て世代の防災意識を高める訓練経験機会が少ない現状を打開する手段として、PTA 活動の中に防災訓練要素を取り入れることを考案し実践に至りました。

2　地域連携活動の実践

（1）地域の防災訓練から学ぶ取り組み

　原中学校学区内の 3 町会が合同で行う防災訓練は、原中 PTA・原中親父の会

が原中学校にて開催するイベントの"原中まつり"と同日開催とし、地域・学校・保護者が生徒を中心に防災訓練に取り組み、地域交流も行える1日がかりの大きな行事として重要視しています。

（2）生徒の防災意識を高めるための活動

　原中学校では、生徒が主体となって地域防災の意識を高める取り組みとして、原中学校教員と参加希望の生徒約50人による防災ボランティア活動を推進しています。その活動の中でも地元消防署の企画から誕生した、"突撃防災リアカー隊"は、地元の各町会から要望をうけて出前防災訓練を行い、各地域の地理状況を学ぶと共にスムーズな火災消火活動の経験を積んでいます。地域の皆さんからも高い評価を受けており、年齢年代の垣根をこえた深い地域交流の要のひとつとなりつつあります。また、荒川区の試みとしておこなっている防災教育の一環である"防災ジュニア検定"を原中学校生徒の約50人が、毎年取得しています。

3　PTAによる保護者中心の防災活動

（1）防災意識を高めるための取り組み

　原中学校PTAは、保護者による主体的防災意識向上を目指し、27年度より原中学校運動会内のPTA競技に防災訓練の要素を取り入れた「いくぞ!!誰でも原中レスキュー」という種目をおこなっています。この競技は3人1組のリレー形式で4組3レーンでおこない、消防官のユニフォームをバトン代わりにして、消火器訓練・負傷者応急処置・応急担架作り・負傷者搬送をおこない次走組にバトンタッチするというものです。スピードを競うのではなく訓練重視でおこなう事を前提としています。生徒以外の地域来賓・保護者・教職員を参加対象としているので、競技者の訓練経験と共に応援する生徒の防災への関心を高めている実感があります。また、防災をテーマとしたPTA講演会を地元消防署に依頼して開催しました。生徒と保護者から参加者を募り、6人ほどのグループに分かれて、いくつかの災害時における問題に対しても話し合いました。生徒の立場と保護者

の立場に立ちつつ、災害に対するディスカッションについては同じ目線で意見を出し合えました。今後、各家庭でも話し合いを持つきっかけとなるPTA講演内容でした。

（2）訓練機会を増やす取り組み

　原中学校PTAの委員活動の中に各学年委員が主催する懇親会がありますが、その際にレクリエーション内容としてAED講習をおこなっています。救急救命の訓練も防災にとって大切であることから、毎年の学年懇親会で負傷者応急手当をふくめたAED講習をおこなう事を奨めています。

4　成果と課題

（1）成果

　これまでの地域・学校・生徒の3方向に加えて保護者からの防災推進が進んだことで、地域との交流機会の増加と防災に対する各々の視点からの会話機会が増加しているとの報告があります。このことにより防災意識を高め、加えて個々の人とのつながりを強固にする事例であったと考えています。

（2）課題

　保護者主体での取り組みではあるものの、日常的にPTAに参加されない保護者については改善がみられません。災害への備えと共に子どもたちのよりよい教育環境の為にはPTAの活動が重要である事を理解していただき、一人でも多くの保護者にPTA活動に参加していただける活動環境を作る努力は引き続き必要です。

事例08 親子で防災意識を高めよう ～子どもの命を守る～

静岡県熱海市立多賀小学校PTA

> **PTA** 熱海市立多賀小学校PTAは会員273名。本部役員・総務委員・厚生委員・校外指導委員・成人教育委員・広報委員・学年学級委員・家庭教育学級で構成。
> 「保護者と教職員が協力して、家庭と学校と社会における児童の教育と福祉を増進する」ことをめざして、家庭と学校との緊密な連絡によって、児童の心身の健全な発達と安全を図る活動を主としている。
>
> **学 校** 熱海市立多賀小学校は、平成28年度の児童数は346人、家庭数は273世帯、学級数は特別支援学級を含めて14学級である。学校教育目標「考え　ともに挑戦し　ありがとうの心を伝える子」、重点指導事項「話を聴く」「時刻を守る」「家庭学習100％」。
>
> **地 域** 多賀地区は、熱海市の南部に位置し、海岸線には国道135号線が走っている。北の熱海寄りの地域を上多賀、南の伊東よりの地域を下多賀というが、下多賀はさらに下多賀・中野・小山・和田木の4つの地区に分かれる。古くからみかんづくりなど、農業がさかんな地域であったが、現在は近隣の会社等へ勤める人が多く、住宅地が広がっている。

1　実践のきっかけ

わたしたちが住んでいる熱海市の真下にはプレートが重なり合っており、いつ地震が起きてもおかしくない状況です。

海岸からわずか100ｍの距離しかなく、低いところで海抜8ｍ、グラウンドは海抜18ｍ、校舎の一番高い教室でも海抜23ｍしかない本校では、東日本大震災以来、防災教育に力を入れてきました。

2　防災事例の紹介

（1）活動のねらい

5年前から津波を想定した津波避難訓練を行っており、3年前からは野外教室

を防災キャンプに変更しました。

　成人教育委員会が子どもの命を守るために学校と連携し、親子で防災意識を持ち「子どもの通学途中に大地震が起きたらどうするか？」を家族で話し合い意識付けるよう活動をしてきました。

　また市内の研究集会ではテーマとして「親子で防災意識を高めよう～子どもの命を守る～」を設定し、他校の保護者にも一緒に考えていただける場を設けました。

(2) 活動の内容
①　津波避難訓練

　津波避難訓練は平成28年度で6回目を迎えました。平成25年度よりPTAも一緒に参加し、高台の多賀中学校まで標高差47ｍを駆け上がります。津波てんでんこ*についても触れる機会となり、子どもたちの意識はもちろん、保護者の意識も高めることができています。

＊　津波てんでんこ：津波の被害に何度もあってきた三陸地方の言い伝え。「てんでんこ」は「てんでばらばらに」の方言で、津波のときは家族さえ構わずに、1人でも高台に走って逃げろという意味。

放送の指示に従い運動場へ

その後、特別棟・高学年棟に避難

津波避難訓練の感想（5、6年対象アンケート）
- 多賀中までの坂がすごくきつくて疲れた
- あわてないで慎重に行動しなければと思った
- 自分の命を守るのは大変なことだけど、辛くても頑張ろうと思った
- 下級生も遅れることなく避難できて、すごいと思った

多賀中まで必死に駆け上がる

保護者も全力疾走

② 防災キャンプ

防災キャンプではまず、帰宅難民を想定した長距離歩行を行いました。
参加した保護者からは
・14kmの坂道は険しくて苦しい道のりだったが、実際に交通がストップしたときのことを考えるいい機会になった
・子どもたちが頑張って歩く姿に勇気をもらった
・長距離の集団歩行訓練は、辛くても頑張る気持ちや仲間を思う気持ちを育てる意味でも価値ある体験だったと思う
・今回は準備をして歩いたが、災害時はヒールやサンダルの場合もある。着替えや上着を持っていない可能性を考えると、怖いと思った
などの感想が寄せられた

長距離歩行に出発

14kmの坂道を歩く

次に、避難所でのパーティションづくりを体験しました。

避難所では、プライバシーを守ることが難しいと言われていますが、パーティションはその問題に対して大きな役割を果たすものと考えられます。

実際にパーティションをつくってみると

パーティションづくりに挑戦

・思った以上にたくさんの段ボールが必要だとわかった
・上手に設営するのは意外と難しい
・土台に切り込みを入れたりするなど、子どもたちの工夫に感心した
・隣の人との仕切りがあることで気持ちが楽になるのではないか
・1日だけならいいが、何カ月もの避難生活だと大変だと思う
などの感想が聞かれました。

そして、火おこし、防災食（アルファ米・缶詰）の食事、非常食としてのパン作りを体験しました。

普段、火を起こす体験などしていない子どもたちには大変な苦労だったようですが、ガスも電気も使えない災害時において、この経験が非常に大きな意味を持つと考えています。

火おこし体験　　　　　アルファ米の食事

参考　ぐるぐるパンの作り方

《材料》

- 強力粉　500ｇ　・ドライイースト　12ｇ・粉末クリーム　大3　・砂糖　大5
- 塩　小2　　　・バター　40ｇ　　　・ぬるま湯　400cc

《作り方》

1　ボウルに強力粉・イースト・粉末クリーム・砂糖を入れてぬるま湯を入れこねる
2　全体がなじみ、表面がなめらかになったら、塩を加えこねる。さらにバターを入れてこねる。こね始めから20～25分程度こねる
3　ボウルにラップをして、発酵するのを待つ
4　生地が２倍に膨らんだら押さえつけてガス抜きをする
5　１回ずつ切り分けて、生地をひも状にのばす
6　ひも状にした生地を、棒の先端にくっつけて巻きつける
7　生地を焼く（パンを焼くときは、炭火の状態がベスト）

ぐるぐるパン

防災キャンプ全体を通じ、子どもたちからは
・この体験で震災にあったときどう生活するかがわかり、慌てることなく行動できると思う
・震災で家に住めなかったり、家族に会えない人の大変さがわかった

・学んだことを生かして、手伝ったり教えてあげたりしたい
・家で避難用リュックを用意したい
などの感想が寄せられました。

③ AED 講習

PTA 家庭教育学級の場で AED 講習を行い、自分たちの命、子どもたちの命を守るために意欲的な研修を行いました。その結果、知識を持っていることで命を救うことができるかもしれないという思いが参加者に芽生えました。

④ そなエリア東京への研修旅行

平成 26 年には成人教育委員会・家庭教育学級の研修旅行で「そなエリア東京」（東京臨海防災公園）を訪れ、貴重な防災体験を得ました。そなエリア内では防災グッズやパネルの展示だけでなく災害に遭った町の様子などが再現されており、それらを見学することで災害への備えをしっかりしなければいけないとの思いを強くしました。（P153 に記載）

⑤ 6 年生防災講座

この講座は県の防災教育支援資料を使い、教頭が 6 年生の子どもと保護者を対象に行っています。

子どもたちに対し、どの程度防災意識をもっているかを聞くところから始まる授業は、最後にこれからどうしていきたいかを考えさせる内容となっており、家族との話し合いの大切さや家庭での防災対策、災害ダイヤル 171 などについて理解を深め、災害への意識を高めるうえで大きな役割を果たしています。

≪防災講座をうけた子どもたちの感想≫
・大きな地震や津波がきたら、とにかく早く避難することが大切
・初めて知ったことがたくさんあったから、家族や地域の人に教えたい

- 6年生が防災意識を高めて責任をもって行動すれば、他の学年もしっかりついてきてくれると思う
- 地震はいつ起こるか分からないので、家族と一緒に避難するときに必要なものをしっかり備えていきたいと思った
- 家族で1時間でも電気や水道を使わない生活を体験してみようと思った

授業の初めに比べ、子どもたちの防災意識がかなり高まっていることがうかがえます。

⑥ 避難カードの配布

全家庭対象に「避難カード」を配布し、各家庭で親子防災会議（避難場所、連絡手段、備蓄品等の確認）を開き、それらの項目への記入を行いました。（P155に記載）

後日防災アンケートを取ったところ
- 8割の家庭で避難カードの記入を行っている
- そのうち8割の子どもが「避難カード」を携帯している
- 7割の家庭で、家族で防災会議を開いている

という結果となりました。

特に、9割近くの家庭で防災意識の高まりがみられたのは大変喜ばしいことです。

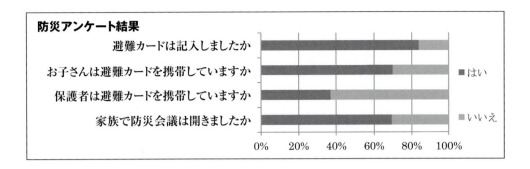

⑦　広げる活動

本校の活動をパネルにし市役所のロビーに展示したり、PTA研究集会で発表したりすることで、市民や他校の保護者にも活動を広げることができ、防災意識の啓発ができたのではと考えています。

3　成果と課題

(1) 成　果

学校とPTA（成人教育委員会）との連携の中で「子どもの命を守る」には、まず子どもたちと共に防災意識を高めることが重要だと考え、重点的に取り組んできました。

市役所ロビーでの展示

平成26年7月より9月に展示

その結果、全校の防災意識が高まり実際に訓練に参加される保護者の数も増え、活動の効果を上げることができました。

また、この活動に対して、平成26年度静岡県知事褒賞をいただくことができました。

(2) 今後の課題

今後取り組んでいくべき課題として、次のことが挙げられます。
・多賀小学校の引き渡し訓練の日に、全家庭で防災会議を開くこと
・津波避難訓練には保護者も参加し、子どもとともに避難経路の確認をすること
・さらに防災意識を高める働きかけを、日頃から学校とPTAで行っていくこと
・全家庭が避難カードを携帯できるよう、学校とPTAが協力し、子どもたちから保護者によびかけていくこと

震災はいつどこで起こるか予測がつきません。だからこそ普段の備えが大切です。しかし、多くの人は防災の必要性に気付いても、後回しにしてしまっているのが現状ではないでしょうか。また、やり方がわからず気持ちはあっても手をつけられずにいる人も多いのではないかと思われます。

　その現状を変えるには、まず一人ひとりの防災意識を高めることが大切だと考えた本校では、それを念頭に置いて活動を続けてきました。

　この実践がさらに広まり、個人・学校・PTA・地域の取り組みが「点」を結び、「線」になっていく防災活動になればと心から願っています。

親子で防災意識を高めよう　～子どもの命を守る～

そなエリア東京への研修旅行

平成 26 年 6 月 20 日実施

　成人教育委員会・家庭教育学級主催の研修旅行で、そなエリア東京（東京臨海防災広域公園）に行きました。貴重な防災体験をしてきました。

＜活動内容＞

（1）そなエリアに到着

説明を聞いて中へ入ります。そなエリアは防災体験ができる施設です。

（2）災害にあった町の様子が再現されていました。

リアルなつくりに思わず緊張します。携帯ゲーム機で問題を解きながら進みます。

（3）防災グッズやパネルも見ることができました。

災害に対する備えが大切だと改めて感じました。

6年生防災講座

平成26年7月9日実施

　昨年度より、6年生を対象に防災講座を行っています。静岡県より出ている防災教育支援資料を使っています。

＜活動内容＞
（1）スライドを使って説明

　初めに防災意識をもっているか、子どもたちに聞いてから授業は始まりました。

（2）子どもたちも保護者も真剣に授業に取り組みました。

　授業終了後、感想と「これからどうしていきたいか」を書きました。授業の初めに比べ、子どもたちの防災意識がかなり高まったことが、感想からわかります。

各自で避難カードを携帯しよう！

ハサミで切って二つ折りすれば免許証サイズのカードができます。

避難カード　　　　　　　　　　　　　　　　　　　　　表

家族の名前	家族の連絡先
緊急連絡先(親戚・知人)	

避難カード			
氏　　名		性　別	生年月日
		男・女	
住　　所			
自宅電話			
携帯番号			
血液型	備考(障害・病名・常用薬・アレルギーなど)		

避難カード　　　　　　　　　　　　　　　　　　　　　表

家族の名前	家族の連絡先
緊急連絡先(親戚・知人)	

避難カード			
氏　　名		性　別	生年月日
		男・女	
住　　所			
自宅電話			
携帯番号			
血液型	備考(障害・病名・常用薬・アレルギーなど)		

避難カード　　　　　　　　　　　　　　　　　　　　　表

家族の名前	家族の連絡先
緊急連絡先(親戚・知人)	

避難カード			
氏　　名		性　別	生年月日
		男・女	
住　　所			
自宅電話			
携帯番号			
血液型	備考(障害・病名・常用薬・アレルギーなど)		

第 2 章　先進的な防災取組事例　風水害

裏

かかりつけの医療機関	
名　称　　　　　　　　　　電　話	
住　所	
名　称　　　　　　　　　　電　話	
住　所	
一 時 集 合 場 所	
避　難　場　所	
地域の避難所	

災害時の伝言方法
① 　　固定電話から171へダイヤル
② 　　録音は1　　再生は2をプッシュ
被災地の方はご自宅の電話番号を、被災地域以外の方は、
被災地の方の電話番号を市外局番からダイヤルして下さい。
③ 　市外局番・市内局番・お客様番号をプッシュ
④ 　ガイダンスに従い録音または再生

裏

かかりつけの医療機関	
名　称　　　　　　　　　　電　話	
住　所	
名　称　　　　　　　　　　電　話	
住　所	
一 時 集 合 場 所	
避　難　場　所	
地域の避難所	

災害時の伝言方法
① 　　固定電話から171へダイヤル
② 　　録音は1　　再生は2をプッシュ
被災地の方はご自宅の電話番号を、被災地域以外の方は、
被災地の方の電話番号を市外局番からダイヤルして下さい。
③ 　市外局番・市内局番・お客様番号をプッシュ
④ 　ガイダンスに従い録音または再生

裏

かかりつけの医療機関	
名　称　　　　　　　　　　電　話	
住　所	
名　称　　　　　　　　　　電　話	
住　所	
一 時 集 合 場 所	
避　難　場　所	
地域の避難所	

災害時の伝言方法
① 　　固定電話から171へダイヤル
② 　　録音は1　　再生は2をプッシュ
被災地の方はご自宅の電話番号を、被災地域以外の方は、
被災地の方の電話番号を市外局番からダイヤルして下さい。
③ 　市外局番・市内局番・お客様番号をプッシュ
④ 　ガイダンスに従い録音または再生

事例09 大船渡小学校訪問から学ぶ防災意識を高める PTA 活動の取組

静岡県浜松市立積志小学校 PTA

> **PTA** 　静岡県浜松市立積志小学校 PTA は、会員 673 名の、比較的大きな組織である。本部役員、学級委員、施設部、厚生部、保健体育部、文化部、社会補導部、地区委員の役員組織で構成されている。平成 28 年度は「一致団結　〜すべては子供たちのために〜」をスローガンに掲げ、学校・地域・保護者が一体となって、子供たちのよりよい教育のために活動している。
>
> **学　校** 　静岡県浜松市立積志小学校は、児童数 864 名の市内では比較的大きな規模の学校である。学校教育目標「夢をもち　共に学ぶ子」のもと、「安心して学び、心ひかれる学校」を目指す学校の姿と位置づけ、「志を積む子」の育成に向けて、日々教育活動に励んでいる。
>
> **地　域** 　積志小学校のある積志地区は、市の中心部より北に約 9 km のあたりに位置している。明治 41 年に有玉村・中郡村・小野田村の一部（半田）が合併して発足した積志村が、その名の由来である。浜松市が政令指定都市に移行した今現在は、東区に所属し、中心部から北に延びる国道沿いの、賑やかな店舗街、閑静な住宅街、のどかな田園地帯の 3 つの顔をもっている。学校教育へは、地域を挙げて協力するという素地が歴史的に定着していて、地域が学校を守り、育てるという温かな雰囲気のある地域である。

1　実践のきっかけ

　静岡県は数十年前より東海地震や東南海地震の発生が予想されており、地震に対する意識も他県に比べて遥かに高いと言えます。しかし、平成 23 年 3 月 11 日に発生した東日本大震災は、想像を絶する未曾有の津波被害をもたらし、静岡県民に新たな危機感を与えました。そこで、PTA として今できることは何かを考え、実践の重点を次の 2 点としました。

（1）将来ある子どもたちに防災意識を高めさせる。
（2）「生きる力」を一層身に付けさせる。

　そのために、PTA 役員を中心に「折鶴会」という組織を立ち上げ、計画的で

息の長い、地道な研究と実践を行うこととしました。

そこでまず、浜松市が支援している大船渡市の小学校を訪問し、「災害・防災」とは何かを実感するところから活動をスタートさせました。

2　大船渡小学校訪問と支援活動

（1）大船渡小学校への訪問

①　PTA役員と児童代表による訪問

平成24年8月に、PTA会長及び折鶴会会長（PTA副会長）が大船渡小学校を訪問しました。

現地の視察を行い、3月11日当時の津波の発生状況や被害の様子や避難生活等の話を伺うことで、改めて東日本大震災のもたらした被害の大きさや復興への困難さを実感することができました。また、子どもたちに防災意識を育てるために何ができるかについても考える貴重な機会となりました。

平成25年度には、前年度のPTA会長及び折鶴会会長による大船渡小学校への

訪問を通して、この姿を子どもたちにも見せたいという願いが生まれました。そこで、6年生10人の児童とともに再度の訪問を実現させました。

大船渡小学校では、前大船渡小学校長から直接お話を聞くことができました。校舎のどこまで津波が襲ってきたのか、どのように避難したのかなど、当時を振り返り、実際に避難した経路を歩きながら説明してくださったので、子どもたちの表情がとても真剣で、PTAとしてもこの訪問の成果の確かさを実感しました。

震災から2年が経過していましたが、避難経路の先の大船渡中学校の運動場はまだ仮設住宅であふれていました。また、大船渡市内には津波被害のまま壊れかけている家や線路のない鉄道等々、津波の爪痕が残されたままになっており、まだまだ先の見えない状況を目の当たりにしました。

大船渡市に隣接する、「一本松の奇跡」でも知られる陸前高田市への道中に、4階までが津波被害にあったという5階建てのマンションを見ました。子どもたちは、津波被害の大きさを一層実感していたようでした。

② 訪問報告会の開催

訪問後のPTA総委員会において、PTA会長が8月の大船渡訪問の報告会を行いました。現地の写真を中心にしたプレゼン資料により、2年経過した現在も被害の爪痕が多く見られることが分かり、PTA役員約100人が防災意識の向上や被災地支援の重要性を共通認識する場となりました。

また、一緒に訪問した子どもたちによって、全校児童対象に報告会も行われました。子どもたちが、自分の目で見てきた思いを全校児童に伝えることで、自然災害の恐ろしさを実感するとともに、災害に遭遇した場合に何が大切で、何をしなければならないのかという課題意識を芽生えさせることができました。

（2）訪問を生かした活動

① PTAバザーでの復興支援

平成24年度、25年度の大船渡市視察の報告を受けて、支援を必要としている現状について深く理解することができたので、PTAバザーにおいて、復興支援として大船渡物産展を開くことや、その売り上げをすべて大船渡への募金とすることが決められました。そ

れぞれの役員が積極的に呼びかけることにより、多くの賛同者と支援金を得ることができました。

② 大船渡小学校長によるPTA教育講演会

積志小学校の研究発表会の講演会とタイアップし、平成24年度のPTA教育講演会として大船渡小学校長を招いた講演会を開催しました。当時の生々しい体験を、写真等の映像を用いて大変分かりやすく講演してくださり、PTA会員の危機意識を喚起することができました。そして、防災への取り組みの必要性についての共通認識が一層高まることとなりました。

③ 静岡文化芸術大学の磯田道史氏によるPTA教育講演会

平成25年度には、前年度の大船渡小学校校長による講演の続編として、磯田道史氏を招いてPTA講演会を実施しました。「古文書が伝える浜松の地震」では、自分の命は、自分で考えて自分で守ることが重要であることが強く印象づけられました。会場にいる者の全てが、今大地震がおきたらどうするか、よく理解できたものであったと思います。

④ PTA役員支援による非常食体験

大船渡小学校への訪問を通して、電気やガスが止まり給食や普段の食事ができなかったという事実を知り、子どもたちにガスや電気がなくても食べられる非常食についての構えをつくっておく必要を感じました。そこで、学校の防災訓練とタイアップして、非常食を体験する機会を設けました。

1箱50人分の非常食をPTA役員が支援しながら作り、子どもたちに食べさせる体験でしたが、PTAとしても貴重な経験となりました。

3 子どもたちの防災意識を高めるための活動

平成24年度・25年度は、主に大船渡小学校訪問から学んだことをPTAとしての取り組みとして実践してきました。

平成26年度からは、研究の重点でもある、目の前の子どもたちが有事のときにどのように対応できるのか、また、地震以外にも起こるであろう災害に向けて、PTAとして何ができるのかを考えるという方向性にシフトしていきました。

そのため、自分たちが住む浜松において起こりうる災害時に、具体的にどのように対応できるのかを考え、PTAとして取り組みを強化していくこととしました。

(1) 子どもたちの防災意識向上への取り組み

① 防災関連の書籍寄贈

児童の防災意識をより向上させるために、地震に対する防災の本および放射能と原子力発電所についての解説本を学校に寄贈し、読書や授業で活用してもらうことにしました。

② 起震車体験

3月11日の「積志小学校防災を考える日」には、PTAとして起震車体験がで

きるよう手配をすることにしました。映像や本などで地震に対する知識は深まってきていますが、実際の揺れを体験させることはとても重要と考えたからです。

起震車の数の関係で学年代表者による体験でしたが、実際の体験を通してより防災意識が深めることができました。

③　子どもが自分でできる非常食体験

平成24年度には、PTA役員の支援による非常食体験を行いましたが、実際の災害時を想定した場合、現実的に可能かという疑問が出てきました。

そこで、学校と相談して、1年生でも大人の手を借りずに、一人一人の力で準備して食べることができるよう一人用の食事と水をPTAとして支援することとしました。1年生もすぐに要領を覚え、自分の力で食べることができました。

（4）防災意識の高まりを見届ける取り組み

①　校内避難訓練の見届け

学校で行っている避難訓練の様子や防災への取り組みを、PTA広報部発行のPTA広報誌に掲載しています。全校での避難訓練や、救助袋体験をしている3・5年生の真剣な様子等を全保護者に伝え、親子で話し合う題材にしてもらいたいとの願いで行っています。

②　自治会（地域）で行われる防災訓練への参加への呼びかけと見届け

9月と12月に各自治会ごとで行われる防災訓練への参加を呼びかけました。自治会によっては、地域の訓練に参加した子どもたちに参加証明書を発行して防災訓練への意欲化をはかってくれました。

しかし、学区が多くの自治会から成り立っているため、年度によって、単独の自治会による防災訓練を実施するところや複数の自治会が合同訓練をするところなど様々な実態があります。全校同一歩調での参加への呼びかけには課題が残りました。

4　成果と課題

（1）　成　果

① 　万が一自然災害等で子どもたちが学校で過ごすことになっても、大人の支援に頼らず自分の力で、食事の準備をして食べることができるようになりました。

② 　２回の大船渡小学校訪問及びPTA役員会での報告会を通してより、役員たちの防災意識が高まってきました。

③ 　継続的なPTA活動ができました。

　　単年度のPTA活動となりがちですが、東日本大震災の被災地への訪問からスタートした複数年度にわたる取り組みとすることができました。

　　４年間で４人のPTA会長による活動となりましたが、前年までのPTA活動の引継ぎだけで終わることなく、途切れない継続的なPTA活動となりました。また、一部のPTA役員の取り組みだけでなく組織だった防災に対する共通の理解ができた点も大きな成果であったと思います。

④ 　学校とのタイアップにより、災害に詳しい専門的な講師を招くことができたので、保護者や子どもたちの防災意識を高めることができました。

⑤ 　折鶴会会長を中心にPTAとして企画した大船渡訪問、起震車借用及び体験、いろいろな書籍の調査等の様々な体験を通して、子どもたちに防災意識を高め、「命の大切さ」や「生きる力」を伝えることができました。また、継続した防災への取り組みの大切さを強く実感することができました。

（2）　課　題

① 　４年間の継続した取り組みにおいて、はじめの２年間は、被災現場から学んだ活動であったため、将来発生すると思われている東海地震とあわせて、切迫感と危機感の中で防災意識が深まったと思いますが、今後、時間の経過の中で、災害の恐ろしさを伝え防災意識を高め続けることが課題ととらえています。

② 　起震車体験については、全校児童に体験させるために、起震車の確保、手配等が困難であることも課題であると考えます。

③ 　「自分の命は自分で守る」ために、居住区での防災訓練とのかかわりが重要だと考えますが、多数の自治会それぞれの取り組みがあるため、PTAとしてどこまでかかわり、働きかけることができるかが課題です。

事例10 学校と家庭・地域をつなぐPTA活動
~PTA・学校・家庭・地域が連携して取り組む防災教育~

愛知県田原市立泉小学校PTA

> **PTA** 愛知県田原市立泉小学校PTAは、会員115名。常任委員（各地区から選出された13名）と学級委員（各学級から選出された12名）で構成。「父母と教師が協力して、子どもたちの健全な成長をはかる」ことを目的として活動している。
>
> **学 校** 泉小学校は、明治33年設立、児童数161名。愛知県渥美半島の中ほど、三河湾をそばに控えたところにある。海、山そして田園に囲まれ、学区の川にはホタルが飛びかう、そんな環境の中にある。校訓は済美（せいび）。「美徳を成しとげ、親や祖先の立派な業績を受け継いでいくこと」という意味である。
>
> **地 域** 田原市は愛知県の南端に位置し、渥美半島のほぼ全域が市域となっている。風光明媚な伊良湖岬や、日本有数のサーフィンスポットの太平洋ロングビーチなどを有する地域である。また、菊などの花卉類や、キャベツなどの栽培が盛んな全国有数の農業地域となっている。

1 防災教育への取り組み

田原市は、三河湾、伊勢湾、太平洋と三方を海に囲まれており、南海トラフの巨大地震による被害想定は大きくなっています。田原市では、様々な防災対策事業を実施し市民の防災意識の高揚に力を入れています。そして、田原市教育委員会では、「子どもから始まる防災学習～子どもから家庭へ、そし

て地域へとつなぐ学びの循環～」をテーマに、平成24年度から小学校と地域の連携による「校区みんな参加の防災キャンプ事業」を始めました。この事業は、学校・地域の主体的な取り組みにつなげるため、希望校を募って実施しています。

泉小学校では、東日本大震災をきっかけに、子どもたちへの防災教育に力を入れることで災害時に学校ができることは何なのかを整理し、防災教育実践に向け

ての取り組みについて考えるようになりました。例えば、学校の備品などについても災害時に活用できるものはないかを検討し、給食で使っていた保冷コンテナや食器などは不要になっても廃棄せず、学校に保管しています。このように、学校が避難所としての役割を果たせるようなことを検討して、災害時に備えています。

平成26年度からは、泉小学校で実施してきた防災の取り組みを広げていくため、PTAを中心として教育委員会・学校・家庭・地域が連携して実施する「校区みんな参加の防災キャンプ事業」を実施することとしました。子どもたちが学んできた防災学習を家庭につなげて、保護者の防災意識を高めるとともに、地域全体で「自然災害から子どもを守る」取り組みを始めたのです。

2 防災教育活動の実践

(1) 防災キャンプ事業のあらまし

防災キャンプ事業では、地域において想定される災害や避難時の対応等を学び、市民館や学校などを避難所と想定した1泊2日の避難所宿泊体験（防災キャンプ）を実施します。避難所で何ができるか、何をすればよいのかなどを「子どもたち自ら体験の中から学ぶ防災」をテーマとした体験学習です。子どもたちは、事前に地域の防災についての学習を行い、防災についての理解を深めたうえで避難所生活を体験します。そのことが子どもたちの考える力や生きる力の向上につながっています。

事前学習では家庭に持ち帰って話し合いができるような内容を盛り込み、保護者に対しても防災に関する意識が高まるような工夫をしています。さらに、親子で防災に対して「考えて学ぶことによりお互いを支える意識の向上」につなげていけるようにしています。

地域の防災訓練等への参加率が低いと考えられる保護者に対して防災意識の高揚を図り、防災を通した家庭教育を実施していくことも防災キャンプの目的としています。子どもの学習を中心として考えることにより、自治会、自主防災会、PTA、子ども会など、地域ぐるみで防災について学び考えていくことに対しての共通理解が得られています。結果として、災害が起きたときに地域の絆を深めて被害を最小限にできるしくみ

を作ることをみんなで考えるきっかけとなっています。

　子どもたちは、防災キャンプを実施する前に自分たちが住んでいる地域の防災について次のような防災学習を行っています。
　① 自分たちが住んでいる地域について
　② 田原市の防災対策等について
　③ 災害が起きたときの対応や避難所での生活について

　この学習には防災の専門家である大学教授や市防災対策課、地域の防災ボランティアの方、赤十字奉仕団など地域で活動している方たちのほか、多くの方に講師となってもらい、多様な角度から多様な学びができるようにしています。

　防災キャンプ実施の際には、地域の方たちも一緒に防災講演会を聴いたり、保護者も一緒に災害時の対応について考えたりする時間をもつことにより、子どもが学んでいる防災学習が地域や家庭に広がっていくようにしています。

（2）防災キャンプの実施について

　防災キャンプは、毎年6年生を対象に1泊2日の日程で実施しています。PTAは、当日、防災キャンプの手伝いをしながら子どもたちの活動を見守っています。防災キャンプの実施内容は、子どもたちが自分たちで考え実施するもの、親子で体験するもの、地域の方と一緒に参加するものを盛り込むようにしています。

　主な活動内容は以下のとおりです。
◎避難所体験
　・災害時に使える学校にあるもの、地域にあるものを確認する。
　・避難所居住スペースの確保についての話し合いをして発表する。

　・板ダンボールを使って居住スペースを作る。
◎非常食体験
　・PTA役員と一緒に、はそり（大鍋）を使って非常食用の湯沸かしをする。
　・アルファ化米のみの食事で非常食体

験をする。
◎非常持ち出し袋の確認

・防災キャンプの際、各家庭の非常持ち出し袋を確認し、家族の一員として災害時の避難について考える機会を持つ。

◎防災講演会

・東日本大震災の語り部等から、震災についての話を地域の方と一緒に聴く。

◎親子で参加する赤十字奉仕団による講話と実践

・少量のお湯でできるホットタオルを使う、避難時の衛生対策の実践
・簡単にできるリラクゼーションとハンドマッサージの実践
・血行をよくする足湯の体験

◎避難所運営の実践

・災害時の避難所運営について考える避難所運営ゲーム（HUG）の実施

以上のような活動を、親子で実施したり、地域の方に協力してもらって実施したりして、地域全体で「自然災害から子どもを守る」取り組みとしています。

(3) 保・小・中合同避難訓練の実施

泉小学校区は、保育園も小学校も中学校も1つしかない校区です。そのため、保小中のつながりが強くなっています。

防災キャンプを子どもたちが毎年継続して実施していくことで、保護者や地域にも防災教育に対する意識が高まってきています。

今年度（平成28年度）、泉地区の保育園・小学校・中学校が初めて合同で大津波に対する避難訓練を行いました。大地震発生時や大津波警報発表時の避難について子どもたちに理解させるとともに、保小中の子どもたちが同時に避難した際、どのような問題や課題があるかを確認することを目的として行いました。この訓練の実施にあたっては、地区の自治会や校区会長は子どもたちの避難の誘導をするなど、地域との協働の取り組みのひとつとなりました。合同訓練の実施のための話し合いでは、それぞれが問題点や課題を出し合って、地域の防災対策につなげていこうという意見も出されました。

3　成果と課題

　泉小学校では、東日本大震災をきっかけに「子どもの防災教育」と「災害時の学校の役割」について検討し、防災対策に力を入れてきました。平成26年度からは、学校の取り組みを広げていくためPTAを中心として「校区みんな参加の防災キャンプ事業」を実施することとしました。防災キャンプ事業では、PTA・学校・地域・教育委員会が協働することにより、それぞれの得意な部分の役割を担い、不得意な部分を補完しあうことによって子どもたちの「生きる力の向上」につなげることができていると感じています。防災キャンプ事業は、防災対策を教えることではなく、子ども自身の「災害を乗り越える力」を育むことだと考えて実施しています。事業を継続していくことにより、子どもたちの様々な力だけではなく、地域・保護者の意識も高まってきていますが、反面、活動のマンネリ化も否めない事実があります。活動のマンネリ化を防ぎながら事業を継続していくためには、PTAだけではなく、学校・地域・各種関係団体との協働のあり方を検討しながら実施していくことが重要であると感じています。

第2章 先進的な防災取組事例 　風水害

事例11 「自分の命は自分で守る 自分たちの命は自分たちでつなぐ」
～PTA、地域、学校の協働～

愛知県西尾市立白浜小学校 PTA

> **PTA** 　愛知県西尾市白浜小学校は会員91名。本年度会長は間宮健一郎、副会長2名（内1名は母親代表）、役員4名、幹事8名で構成している。この役員4名と幹事8名が、企画委員会、厚生委員会、生活委員会、成人教育委員会の4つの委員会に所属し、PTAの事業を分担している。
>
> **学校** 　白浜小学校は、児童数135名、職員数18名、学級数7学級（内1学級は特別支援学級）。校訓は、「明るく　仲良く　たくましく」。平成26年度において防災学習、防災活動が認められて内閣総理大臣賞を受賞。平成28年度は、「ぼうさい甲子園」において「優秀賞」を受賞。
>
> **地域** 　校舎3階からは、東に西三河最大級の正法寺古墳、西に田園、南に三河湾、そして北に青峰山のふもとから広がる富好新田が眺められる。春の潮干狩り、夏の海水浴、それぞれのシーズンでは、多くの観光客が訪れる。

1 実践のきっかけ

　平成23年3月11日に起きた東日本大震災は、私たち白浜小学校PTA（以後は白浜小学校を略す）や本校区の地域住民に大きなショックを与えました。本校は、愛知県西尾市の南端に位置し、校舎3階からは、美しい三河湾を望むことができます。しかし、海岸から500m、海抜0m地帯に立地していることにより、心配されている東南海地震が発生すれば、大きな揺れとそれに伴った津波による被害は避けられません。

校区の概要

　そこで、私たちPTAも地域や学校と協働して、東南海地震による大きな揺れと津波から子どもたちを守ることを考え、上記のテーマを設定しました。

「自分の命は自分で守る　自分たちの命は自分たちでつなぐ」　～PTA、地域、学校の協働～

2　テーマに迫るための方法とその実際

（1）海抜27mの第2次避難場所・正法寺山により安全な避難路を整備しよう

　東日本大震災が起きたその年（平成23年度）に本校では、3年生から6年生までが総合的な学習の時間で、1・2年生が生活科で防災学習を開始しました。私たちPTAも関心をもって見守りました。海抜0mの本校には東南海地震が発生すると40分後に最大高4mの津波が到達すると想定されています。そこで、学校が地域に相談し、500m離れた海抜27mの正法寺山を第2次避難場所としました。訓練では、当時、170余名の児童と職員が正法寺山の南側を通り、海抜27m地点の高台に17分弱で避難することができました。しかし、総合的な学習の時間で「安全な避難経路」を学習していた3年生が、「正法寺山の南側の避難経路だと、壊れそうな建物がたくさんあって危ない」「津波は、正法寺山の南側に先に来るから、北側へ回った方が良い」ということを見つけました。そして、「正法寺山へ北から登る避難路を造ったら良い」という結論を出しました。3年生担任から、すぐに校長に相談があり、このことはPTAや地域にも伝えられました。私たちPTAも子どもたちの命にかかわることだから、すぐに賛同しました。

　学校側が、正法寺山の北側からの新しい避難路の設置を西尾市に相談したところ、西三河最大級の前方後円墳があるため、文化庁の許可が必要であることがわかりました。私たちPTAと地域、学校が一つになって文化庁にお願いした結果、「避難路は、前方後円墳本体にかからない」「避難路は、人工物を使って造らない」という条件付きで許可がおりました。東日本大震災から2年後に正法寺山への新避難路が完成しました。新避難路は、人工物で造られていないので、草が生えたり、階段状の土砂が流出したりするため、常に整備が必要です。

新避難路完成式

　そこで、私たちPTA主催の毎年8月に行っている親子ボランティアに校庭整備とあわせて、正法寺山の避難路、避難場所の整備も行うことにしました。本校には4つの町内会があり、毎年、このうちの1つの町内会のPTAが整備を進めています。ま

避難路・避難場所の整備

169

た、いつでも避難ができるようにと、親子ボランティアの日以外でも、地域の方が除草作業や土留め作業を行ってくれています。

（2）第1次避難場所・学校の倉庫前から第3次避難場所・リゾート施設までの避難経路を知ろう

本校は、地震が発生すると、手作りの防災頭巾をかぶって第1次避難場所・学校の倉庫前に避難します。震度4（大きな揺れと判断）以上、又は、小さな揺れでも長く続いた地震については、津波が到達すると想定し、第2次避難場所・正法寺山（海抜27m）へ避難することにしています。正法寺山へは、全校児童は防災頭巾をかぶっているものの、雨や風、寒さから身を守る物を持っていません。この課題を解決するために、学校側が高台を約40分歩いた所にあるリゾート施設に相談し、第3次避難場所にしていただきました。私たちPTAも子どもたちが学校にいる時間帯で東南海地震が発生すれば、高台を通って第2次避難場所・正法寺山から第3次避難場所・リゾート施設へ行けば子どもたちに会うことができます。しかし、この高台を通る避難路が、もともとある山道（道は舗装されている）のため、子どもたちもその保護者もよく知りません。

避難路ウォーク

避難路の指示看板

そこで、私たちPTAは、「避難路ウォーク」と「避難路の指示看板の設置」を行うことにしました。「避難路ウォーク」は、4月中旬のPTA総会で、ゴールデンウィーク中の半日を使って行うという案内を行い、募集をしました。当日は、第1次避難場所・学校の倉庫前を通って、第2次避難場所・正法寺山を経由し、第3次避難場所・リゾート施設へ向かいました。平成28年度は、新緑に囲まれた雨上がりの道を参加者全員が無事に第3次避難場所・リゾート施設に到着することができました。プラスワンの活動として、リゾート施設での昼食会も開催しました。

また、「避難路の指示看板の設置」は、第3次避難場所・リゾート施設へ迷わないように行けるようにしました。「避難路ウォーク」を行った際、避難路にし

ている山道を歩いていて、「通ったことがない」とか、分かれ道に来たとき、「ここで迷ってしまうよね」という声が聞かれました。

そこで、PTA記念事業として、平成25年度と平成26年度に「避難路の指示看板」をそれぞれ1基ずつ設置しました。

(3) 学校に防災倉庫を設置しよう

平成27年度の6年生が、総合的な学習の時間で進めてきた防災学習で「学校にも一人一非常持ち出し袋を設置しよう」という結論を出しました。本校では、全校児童が教室の自分の椅子に手作りの防災頭巾をかけています。6年生が学習を進める過程で、防災頭巾をかぶり、さらに非常持ち出し袋を持って室外に出るとかなり手間がかかるという課題に直面していました。そして、その課題に対して、非常持ち出し袋を入れておく防災倉庫を第1次避難場所・学校の倉庫前の近くに設置できないかという解決策を考えました。6年生担任から校長へ、そして、PTAや地域へも相談しました。本校区の厄年会が毎年、学校に必要な物を

防災倉庫お披露目式

非常持ち出し袋と四輪車

寄贈してくださっています。あわせて、私たちがPTA記念事業で行ってきた「避難路の指示板看板の設置」も目途がたっていました。

そこで、私たちPTAと厄年会、学校とが協議した結果、「それは、子どもたちの命にかかわることだから、すぐに取りかかりましょう」ということになりました。現在、防災倉庫には、第2次避難場所・正法寺山で雨や風を防ぐためのブルーシートや懐中電灯、少々の飲料水と食料を積んだ四輪車10台と一人一持ち出し袋を常備しています。非常持ち出し袋については、昨年度の6年生が提案し、その思いを現在の6年生が受け継ぎ、全校分を手作りで完成させました。

3 成果と課題

(1) 成 果

平成26年11月5日に内閣府、愛知県、西尾市が主催して防災訓練が行われま

した。本校も隣接する吉良高等学校と白浜保育園と一緒に本訓練に参加しました。たくさんの大人がいても堂々と振り返りを行う本校の子どもたちの姿には、感心させられました。また、2の（1）から（3）までで記載したように、子どもたちの防災学習に取り組む真剣な姿勢がとても伝わってきます。私たちPTAの活動もその一助となり、うれしく思います。

（2）課　題

これからも、私たちPTAは、子どもたちの取り組みにさらに関心を高め、今後、次のような取り組みをしていきたいと考えています。
・子どもたちの登下校時における避難方法を地域や学校と協働して確認します。
・各町内会で行っている防災訓練に、今まで以上に参加します。
・学校の備蓄（飲料水や食料、その他必要物品）を充実させます。

4　終わりに

本校区は、海と山、平地に囲まれ、昔からその恩恵を授かってきました。また、正法寺古墳や幡頭神社などがあり、歴史的にも由緒があります。「津波にのみこまれる町」ではなく、「歴史と文化のつまった町・白浜」と自慢できる子に成長してほしいと強く願っています。

事例 12 地域を知る取組　防災安全マップ作り

愛知県北名古屋市立師勝北小学校 PTA　齊藤道代

> **PTA**　愛知県北名古屋市立師勝北小学校 PTA は会員 311 名。役員7名、学年委員、文化教養委員、校外指導委員、広報委員、環境整備委員で構成。PTA は学校教育目標「心つないで」のもと、学校、地域、家庭が密接に連携できるように、要となって活動するように努めている。
>
> **学　校**　師勝北小学校は昭和 48 年に開校し、44 年目を迎えている。平成 28 年度は学級数 15、児童数 418 名。平成 27 年度から学校運営協議会を設置するコミュニティースクールとして歩み始めた。地域各種団体との連携を深めつつ、学校、家庭、地域の協力のもと、校訓「じょうぶな体、やさしい心、なしとげる力」を基盤に、「心つないで」を教育目標として、日々子どもたちの健全育成に努めている。
>
> **地　域**　校区は北名古屋市の北東部に位置し、熊之庄地区と薬師寺地区、六ツ師地区で構成され、西は岩倉市、北は小牧市に隣接している。また、東の合瀬川と西の五条川にはさまれた田園地帯である。

1　はじめに

「地域とともにある学校づくり」という理念のもと、学校の思い、保護者の願い、地域の期待等を出し合いながら、学校の教育活動について協議を重ねています。本地区を襲った東海豪雨、東日本大震災をはじめ自然災害はいつでもどこでも起こりうることであり、未然に防ぐことは難しい状況であることを痛切に感じています。そこで、子どもたちが自分の命を守るためには何ができるのか、親として、子どもの安全を確保し、地域を守るためには何ができるのかを学校、地域と連携して積極的に考えていくことにしました。師勝北小学校では平成 26 年度から防災マップ作りや防災講座を通して、子どもたちの防災意識を高める取り組みを行っています。PTA としてもこの取り組みをさらに充実させていきたいと考えています。

第 2 章　先進的な防災取組事例　風水害

2　防災教育の取り組み

（1）地域を知る取り組み　防災安全マップ作り

　子どもたちは、地域社会における災害や事故の防止について、地域の人々と警察や消防が協力して災害や事故の防止に努めていることと、相互に連携していることを学びます。また、子どもたち自身が地域社会の一員として安全なくらしを守るために協力することと、法やきまりを守って生活することの大切さを理解します。さらに学習したことをまとめ、自分たちで身に付けたことや考えたことを発信していきます。

防災安全マップ作り　校区を歩く

　そこで、ぜひ、PTA委員だけでなく大勢で参加できるよう、4年生の保護者にも呼び掛けました。

　「北なごやぼうさいボランティア」の協力を得て、自分の住んでいる地域を歩いて回り、どのような設備があるか、

白地図にまとめる

災害時、危険な場所はどこかを調べました。実際に消火栓やホース格納箱を見学し、使い方を学びました。2時間ほどかけて写真を撮ったり書き込みをしたりしながら自分の住んでいる地域を調べ、白地図にまとめていきました。

　完成した地図を見て、子どもたちは地域によって違いがたくさんあることに気づきました。消防設備（消火栓、消火器等）の設置数の違い、道路の幅の違い、住宅の密集地等、地域の特徴を改めて認識したようです。

　参加した保護者も防災施設について知ることができました。自分の地域は自分で守るという意識の啓発につながりました。

（2）自分の命は自分で守る　親子で学ぶ夏休み防災講座

　平成26年度には、夏季休業中の出校日を利用した防災集会を行いました。「北なごや防災ボランティア」の方々を講師に招き、子どもたち、PTA役員、先生を対象に地震を主とした災害に対する心構えについて教えていただきました。

27年度には子どもたちの年齢に応じた取り組みにしたいというPTA会員の提案を受けて学年ごとに防災講座を行いました。1年生は大きなごみ袋を活用した簡易カッパ作り、2・3年生は新聞紙を利用した簡易スリッパ作り、4年生は簡易担架でけが人を運ぶ体験、5・6年生は「東日本大震災から学ぶ—今できる備え—」というテーマで防災講座を受けました。

　平成28年度は、さらにカードゲームやすごろく、クイズを加えて楽しみながら防災を学べる工夫をしました。1・2年生は昨年度と同様にカッパ作りと簡易スリッパ作りを行った後に、防災○×クイズを行いました。3年生は「防災カルテット」というカードゲーム、4年生は担架作りとスーパーマーケットの袋を利用した三角巾の作り方、雑誌を使った簡易添え木でのけが人の手当て体験をしました。5年生はコンピュータを使った「稲村の火」スライド劇を見たあと、ボランティアについて学ぶ講義を受けました。6年生は防災を学ぶ「家まですごろく」を行いました。それぞれの講座の後、参加した子どもたちと保護者は9月に行われる地震・火災時の避難訓練に備えて、シェイクアウト行動について学びました。

2年　防災クイズ

4年　簡易担架体験

　○×クイズを行った1・2年生は、災害が起きたときに自分の身を守る方法や、避難所で過ごすときのマナーなどを確認することができました。また、ごみ袋が寒さをしのぐ道具になることや、床にガラスが飛散したときに、新聞紙でも足の裏を保護できることを学びました。

6年　防災すごろく

　ゲームを取り入れた3年生は活動を通して、「地震」「津波」「サバイバル」など防災に関するテーマについて、キーワードを繰り返し言いながら、自然と防災に必要なことを覚えていきました。

すごろくを行った6年生は、コンビニエンスストアが災害時に地域貢献する仕組み（飲料水の提供）を初めて知り、家庭でも災害時の備えについて話し合いたいと感想を伝えていました。

　参加した保護者からは、「身近な材料でけがをした人たちの応急手当てができることが分かった」「履物を寝室に備えておきたい」などの感想をいただき、PTAとして来年度も地域の方々と連携しながら、喫緊の課題に向き合って防災講座を行っていこうと意欲を高めています。

3　成果と課題

（1）成　果

　防災安全マップ作りを通して、子どもたちとともに地域の特徴を知ることができたと同時に、災害時に必要な備えや火災発生時の初期行動を学ぶことができました。保護者として、子どもたちと地域で予想される災害や、その時の対応について話し合うことが家族の安全につながると感じました。また、地域にある施設や自主防災の仕組みへの関心が高まり、地域への協力が必要だと思うようになりました。これまで、あまり積極的ではなかった近隣の方々との交流に前向きになれたことも成果の一つと考えています。

　夏休み防災講座では、子どもの安全を守るために、災害に対する危機意識をもつことや、屋内の地震対策ができているかなど、日頃から心がけておくべきことについて再確認しました。「家族で集まるところを決めておいて自分で考えて行動しよう」と低学年の子どもたちが考えていたことに驚くとともに、学びの大切さを感じました。高学年の子どもたちの「自分でできることは何かを考え、地域の中で進んで働こう」という感想を読み、親として子どもたちを家族の一員、地域の一員として認めていこうと考えるようになりました。親も子も「自分の命は自分で守る」「自分の地域は自分で守る」という意識をもつきっかけとなり、ボランティア精神について考えることができました。

（2）課　題

　PTA委員は毎年変わっていきます。防災について継続的に学ぶための計画を整備するための中核として学校運営協議会を位置づけていくと、学校や地域とさらに連携が深まっていくのではないかと考えます。コミュニティスクールであることの強みを生かし、「地域とともに子どもたちを育てていく」という視点で、「地域とともにある学校づくり」を推進し、地域と子どもの安全を守るPTA活動で

ありたいと考えています。

4　終わりに

　防災教育の取り組みを通して、地域を守り、地域の発展に貢献していく子どもたちを育てているという自覚を新たにしました。また、学校、家庭、地域との密接な連携が学校教育活動を充実させ、子どもの心を豊かにするばかりでなく、PTA活動を推進する私たちの達成感にもつながることを実感することができました。

事例 13 「地域と協力して子どもを育てる ～生きるための防災訓練」

岐阜県岐阜市立鶉小学校 PTA　副会長　久家健一

> **PTA**　岐阜市立鶉小学校 PTA は会員 655 名。本部役員・学年代表委員・保健体育委員・成人教育委員・広報委員・地区委員会で構成。「ゆたかで　たくましい　鶉の子」の目標を掲げ、思いやる子、考える子、きたえる子の育成に地域と共に日々活動しています。
>
> **学　校**　児童数 818 人。岐阜市で一番大きい規模の小学校です。校舎やグランドの間に公道があり、子どもたちは、地下道を使ってグランドの行き来をしたり天空の廊下(公道の上を渡る廊下)を使い校舎間を行き来するなど特徴的な構造をしています。
>
> **地　域**　岐阜県岐阜市南部に位置し、緑豊かな大地と清流長良川に囲まれ、子どもたちをのびのび育てることができる環境です。

1　実践のきっかけ

　鶉校区は近年急激に人口が増加しています。田畑だった場所に新しい家が建ち、若い世代が特に増えています。それに伴い、

> ・もともと鶉に住んでいたお年寄りと若い世代の交流が少ない
> ・自治会加入率が低い
> ・顔が見えないので地域で子どもたちを守ることが難しい
> ・学校・地域・家庭が一体となり子どもたちを育てる「共育」のベースができていない

などの問題がでてきています。また、子どもたちと、鶉にある個々の団体との交流はあるが、鶉地域の各団体全部の交流は十分ではないという問題もあります。
　そこで、PTA では、学校、地域、家庭をつなぐ活動ができないかと考え、夏祭り、バザー、著名人の講演などいろいろ案を出しました。そして、

> ・子どもも参加できること
> ・地域の各団体も参加できること
> ・保護者も参加できること
> ・活動を通しお互いが交流できること

の条件から検討し
PTA主体で防災訓練をしよう！
防災訓練を通し、学校と地域と子どもと保護者の交流のきっかけにしよう！
と決めました。

2 「防災鶉ォッチ」での取り組み

(1) 第1回 防災鶉ォッチ
【地域と楽しく、防災の勉強をしよう】
　平成27（2015）年夏、夏休みの午後から、希望者のみ参加しました。

新聞スリッパ作り

15：00	防災地図の作成・バケツリレー ラップによる止血体験 （岐阜市赤十字奉仕団鶉分団） 新聞スリッパ作り
17：30	夕食　カレー（女性の会、青少年育成市民会議、PTA）
18：30	校内おばけ屋敷 （鶉の玉子会（父親主体の会））
20：00	引き渡し
21：00	希望者のみ学校に宿泊

ラップで血が止まるの？
挑戦してみよう！

　防災訓練は無事に終了しましたが、次のような課題がでてきました。

・夏休み開催であったため参加者が全児童の4分の1ほどだったこと。
・地域との事前ミーティングが少なかったため協力団体が少なかったこと。
・親のボランティアが少なかったこと。
・訓練の内容は、実際に被災したときに生きる内容だったかということ。

　PTAではこれらの課題を検討し、開催日の変更、地域とのミーティングを増やす、保護者へ積極的な呼びかけをするなどの改善をし、平成28（2016）年、第2回目の防災訓練を実施しました。

第2章　先進的な防災取組事例　風水害

（2）第2回　防災鶉ォッチ
【生きるための防災訓練をしよう！】

　平成28（2016）年6月25日　学校の土曜授業に開催。前年の反省をふまえ岐阜大学　清流の国ぎふ　防災・減災センター　地域減災コーディネーター岐阜大学客員准教授　村岡治道氏に監修を依頼。

　避難所訓練ではなく、災害時に生きるためにどうしたらよいかを勉強しました。

8：45〜10：00	全児童　体育館にて ・備蓄倉庫の中身をビデオにて確認 ・マンホールトイレの使い方の確認 ・災害時生きるための対策について ・だんご虫のポーズについて
10：15	1〜2年生　教室にて ・教室内DIG ・ラップによる止血体験 　（岐阜市赤十字奉仕団鶉分団 　　PTAスタッフ、ボランティア） 3〜6年生　体育館にて ・村岡氏による校内DIG、家庭内DIG

＊DIGとは地図、間取り図を見ながら災害時の対策を考える訓練のこと。

11：30	昼食　おにぎり2個 （女性の会、親ボランティア）

だんご虫のポーズを実践してみよう

塩おにぎりだけ!?
災害時はこうだよね

煙の中は前が見えないね
どうしたらいいかな？

13：00	防災体験プログラム　体育館・校内 ①段ボールで簡易トイレ作り ②担架体験 ③卵の殻ふみ体験 ④新聞紙で紙食器作り 　（コップ・お皿） ⑤パーテーション、 　簡易トイレの展示
	⑥暗闇体験 ⑦煙トンネル体験 ⑧水消火器体験 ⑨消防車・救急車の展示 （老人会、女性の会、青年の会 岐阜市赤十字奉仕団鶉分団 鶉の王子会、育成市民会議 地区委員、PTA）
15：00	帰宅　各地域の見守り隊、地区委員とともに危険箇所を確認

避難所のパーテーションって狭いね

卵の殻をガラスだと
想像して歩いてみよう

(3) 第2回　防災鶉ォッチで、校内DIG、家庭内DIGについて学びました

　子どもたちは、学校や家庭だけでなく、地域にも目を向けました。
　・自分達がいつも通る通学路に、高いブロック塀、古い家屋などの危険はないのか？
　・もし、通学時に地震にあったらどう対処すればよいのか？
　自分で自分の身を守ることができるように<u>子どもと一緒にいろいろなことを考えながら、地域をまわり、地域DIGを行いました。</u>

3　成果と課題

　昨年から行った2回の防災訓練を終え、色々なことを学びました。
（成果：○　課題：●）

（1）防災の観点から

○ 防災倉庫の鍵、中身を確認することができたこと。
○ 炊き出しの鍋を使い訓練することができたこと。
○ 生きるために、災害時にどうするか日頃からイメージしておくことが大切だと知ったこと。
○ 家具の固定の大切さを知ったこと。
○ 水、食糧、段ボールトイレの備えが大切だと知ったこと。

（2）地域協力の観点から

○ 多くの団体の協力を得ることができ、お互いに顔見知りになることができたこと。
○ 子どもを通し、学校、地域、家庭をつなぐ活動ができたこと。
● 地域団体と情報を共有できる機会を、もっともつ必要があること。

（3）学校の観点から

○ 学校の備蓄倉庫の確認ができたこと。
○ 子どもたちと生きるための防災の勉強ができたこと。
● PTAと事前に十分な打ち合わせをし、役割の分担を明確にして取り組むこと。

（4）親子の観点から

● 保護者にも午前中の講話を聞いてもらえるとよかったこと。
● 午後も積極的に参加してもらえるとよかったこと。
● 今回の防災訓練の内容を、どう保護者に伝えるかということ。

　以上のようなことが成果と課題としてあげられました。
　この結果をふまえ、今後は保護者の参加、地域連携を改善しながら、PTA主体の生きるための防災訓練を続けていきたいです。

事例14 「学校に泊まろう ～いざという時のための避難体験～」

岐阜県高山市立西小学校PTA

PTA 　岐阜県高山西小学校PTAは、会員138名。PTA実行委員会は、執行委員・教養委員・学級委員・広報委員・保健委員・生活安全委員・地区委員、全26名で構成している。子どもたちのために、子どもたちが喜ぶために、学校・保護者・地域が連携して活動している。

学　校 　岐阜県高山市立西小学校は、児童数180名、各学年1学級・特別支援学級2学級。学校の教育目標は「心ゆたかに　たくましく　生きる子」。平成28年度に、開校120周年を迎えた、歴史のある学校である。きめ細やかな教育活動、幼保小の連携を大切にし、教科担任制を取り入れ、全職員で全校児童を育てている。

地　域 　旧高山市の中央部に校区がある。国分寺や旧家などの重要文化財が点在する。日本三大美祭の一つである秋の高山祭が校区内で行われる。「子どもたちの喜ぶ顔が見たい。」という願いのもと、全校児童を対象とする活動や、学年ごとに出前講座を行うなど、PTA活動が活発である。

1　実践のきっかけ

　校区内に宮川や江名子川があり、過去に氾濫したこともあります。そして、避難勧告の際には、西小学校が避難場所に指定されることになっています。学校や地域において、毎年避難訓練（現在は命を守る訓練）は行われていますが、避難場所で寝食をする訓練をしたことはありません。
　PTA実行委員のメンバーで語り合っているある時、
「避難体験をして、子どもだけでなく保護者も含めて、防災意識を高めることはできないだろうか。」
という話題になりました。
「避難場所になるのは西小学校。それならば、『学校に泊まろう。』という企画はどうだろうか。」と。
　そして、平成27年度に初めて実現するに至りました。

2　児童や保護者の防災意識を高める取り組み

（1）ねらい
　避難所となる学校に泊まり、避難体験を通して防災意識を高める。
　　① 災害時の心得や行動について学ぶ。
　　② 非常食を体験する。
　　③ 停電になっている避難所を体験する。
　　④ 普段寝ている軟らかい寝具ではなく、硬い床の上で寝る体験をする。
（2）企画・運営：教養委員会
　　協力：実行委員会
（3）期日：第1回目　平成27年7月31日（金）・8月1日（土）
　　　　　　第2回目　平成28年7月29日（金）・7月30日（土）
（4）日程：第1回目
　　　　　1日目　平成27年7月31日（金）
　　　　　　　　16：00　学校集合・始めの会
　　　　　　　　16：30　出前講座
　　　　　　　　18：00　夕食（アルファ米・防災備蓄食みそ汁・夏野菜）

　　　　　　　　19：15　防災講習（講師：保護者の消防署員）

　　　　　　　　20：15　宿泊しない児童は帰宅
　　　　　　　　20：20　停電状態の校舎内オリエンテーリング

22：00　消灯
2日目　平成27年8月1日（土）
6：00　起床・身支度・荷物整理
6：30　ラジオ体操
7：00　朝食（菓子パン・牛乳）
7：30　掃除
8：00　終わりの会
　　　　この後、近くの川でカワゲラウォッチングを予定していたが、中止に。

第2回目
1日目　平成28年7月29日（金）
15：15　実行委員集合・物品運搬・準備
16：00　学校集合（荷物を体育館に）
　　　　始めの会
16：30　出前講座（おぼれない指導）
18：00　夕食（アルファ米・防災備蓄食みそ汁・枝豆トウモロコシ・お茶）

19：15　防災講習（講師：保護者の消防署員）
20：20　停電状態の校舎内オリエンテーリング
21：30　宿泊しない児童は帰宅
22：00　消灯

2日目　平成 28 年 7 月 30 日（土）
　　　6:00　起床・身支度・荷物整理
　　　6:15　ラジオ体操
　　　6:30　掃除
　　　6:45　終わりの会
　　　7:10　朝食（菓子パン・牛乳）を配布
　　　　　　終了後、実行委員で後片付け

（5）参加児童の感想
- 暗くて恐ろしかった。（3年生女子他多数の児童）
- 床に直接寝たことは初めてだった。アルファ米を食べたのも初めてだった。このような初めての体験ができたことが良かった。（5年女子）
- ふとんで寝ることは、ありがたいことだと思った。（多くの児童）
- 本当に災害で避難することになったら、何日も非常食を食べたり、床で寝たりしなければならないので、大変だと思った。（5年男子）
- プールでおぼれない指導をしてもらって、分かりやすかった。（6年男子）
- この体験後、家族と避難する場所や連絡の取り方などについて、話し合うことができた。（5年男子）

3　成果と課題

（1）成果
- 児童の感想にあるように、体験を通して、防災についての意識を高めることができた。
- 出前講座として、消防署員で保護者でもある講師を迎え、災害時の心構えや行動について学ぶことができた。
- ゴミが少なくなるように（経費の節約も兼ねて）、おわんに名前を書いて何度も使用した。簡単に捨てず、大切に使うことを意識させることができた。
- 普段食べたことがない非常食を食べる経験ができた。
- 高山市の危機管理課にお願いをするなどして、アルファ米や備蓄用のみそ汁をいただくことができた。

（2） 課題
・災害時に、保護者や子どもたちが、今回の体験のような行動がとれるかどうか。
・災害時には、衣服や靴、体が泥だらけになる。このことへの対応は今後の課題である。

第2章　先進的な防災取組事例　　地震

PTAと地域が連携した「自分の命は自分で守る力」の育成

岐阜県下呂市立菅田小学校PTA　　熊原幹人

> **PTA**　岐阜県下呂市立菅田小学校PTAは会員数41名。本部役員会と3つの専門委員会（母親委員会、広報委員会、奉仕厚生委員会）で組織。PTA活動スローガン「子どもたちの健やかな育みのために支える　見守る　参加する」。
>
> **学　校**　菅田小学校は児童数55名の小規模校。学校の教育目標「すすんで　がんばり　たすけあう子」。
>
> **地　域**　本校区は、下呂市最南部に位置し豊かな自然環境に恵まれ、地区としてのまとまりの強い地域である。三世代家族が多く、共働きの家庭が多いため、祖父母の家庭教育に占める影響は大きい。保護者の学校に対する期待も大きく、協力的である。

1　実践のきっかけ

　自分の命を自分で守る子どもを育成したいと、菅田小学校とPTAが連携して、平成27年3月に、東日本大震災で被災し福島県から高山市へ避難移住してきた五十嵐さんをお招きして、全校児童と保護者を対象に震災当時や避難所生活、現在の福島の現状についての話をしていただく機会を設けました。五十嵐さんから児童に向けた最後のメッセージは「自分の身を自分で守ること。これから君たちが成長していく段階でどんな辛いことがあっても命を大切に生きてください。この震災で助かりたいと思いながらも、多くの命が失われたことを思い出し、その人たちの分も生きて下さい。」でした。

　その言葉を教訓に、菅田小PTAでは「自分の命を自分で守る力の育成」を目指し、今回の実践を行いました。

2　地域連携活動の実践

（1）地域の防災訓練から学ぶ取り組み
①金山ブロック保小中合同緊急時引き渡し訓練の実施
　それまで学校ごとに行っていた緊急時引き渡し訓練を、平成25年度より金山

町にある1つの保育園、4つの小学校、1つの中学校が合同で引き渡し訓練を行うようにしました。1つの学校だけでなく、保育園、小学校、中学校それぞれに子どもがいる家庭も多くある現状の中で、いかに連携していけば、より安全にご家族のもとに引き渡すことができるかを検証し、よりよい方法を確立し、いざというときに役立てたいと考えたからです。そこで、大雨や地震などを想定し6月頃に毎年1回行っています。平成28年度は6月6日（月）に行いました。大雨警報及び雷注意報が発令されたという想定で、各校15時に保護者宛にメール配信をしました。車での迎えでは、進路を一方通行にする、お迎えに来た方の確認や児童への連絡を敏速・確実に行うこ

とで、混乱なくスムーズにお子さんを引き渡すことができました。回数を重ねるごとに保護者の方の理解やご協力も得てスムーズにできるようになってきました。

　訓練実施後には、アンケートを保護者・教師ともに行って検証するとともに、結果を保護者の方にも伝えています。各校の反省を持ち寄り全体で話し合い、成果や課題を出しています。

〈保護者の方の感想〉
- 毎年、年1回は緊急時引き渡し訓練を行っていますが、いざというときのためにはすごく大切な訓練だと思います。先生と家庭と子どもが連携をとって真剣に取り組めば、きっと災害時も落ち着いて行動ができると思います。大人の態度が子どもの姿勢に大きく反映されてくると思うのでこれからも真剣に取り組みたいと思います。
- 初めてのことだったので不安がありましたが、今回の訓練で引き渡しの流れが分かり、改めて訓練の重要性を理解できました。
- いつも母親が迎えに行っていましたが、今回は父親が行きました。話は聞いていましたが、実際に行ってみると一方通行（引き渡し時のみの）や引き渡しの流れがよく分かりました。緊急時はパニックになってしまうし、誰が迎えに行くか分からないので様々な家族が実際に訓練に参加した方が良いと感

じました。

② 夏休み親子防災宿泊体験の実施

平成27年8月8日（土）～9日（日）に下呂市消防協会主催の親子防災宿泊体験を4、5、6年生の児童と保護者を対象に行いました。

消火器や放水による初期消火の体験や、アルミ缶を使ったコンロを用いての災害用非常炊飯体験、段ボールを使っての宿泊ス

ペースづくりなど、普段なかなか経験できないことを親子で体験することができました。この体験をきっかけに、家庭でも災害にあった時にどのように避難するのか。また、日頃からどんな準備をしておくことが必要なのかを親子で話し合うことができました。

（2）生徒の防災意識を高めるための地域連携

＜親子防災塾「自分の命は自分で守ろう！親子防災マップづくり」の取り組み＞

PTA主催の事業として

① 地域で災害があった時に、自分の体を守り安全に避難する方法が分かり、自分で判断して行動できる力を育てる。
② 「自分の命を自分で守る力」を子どもたちに身に付けさせる。
③ 高齢者や幼児、妊婦、独居老人の方がどこにみえるのかを把握する。

ことをねらいに開催しました。

○ワークショップ1　防災マップづくり

1　菅田の地区ごとに9グループに分かれ各地区の大きな白地図を囲みながら、講師の指示で自分の家や一人暮らしのお年寄りの家、子ども110番の家などを書き込んでいきました（子どもと親が協力して、一緒に地図に書き込みました）。
2　崖崩れや河川の増水、水路や危険箇所等を話し合いながら書き込んでいきました。
3　避難所への避難ルートを確認したり、河川や水路が溢れたりして通れな

かった場合の迂回ルートなどを確かめました。

○ワークショップ２　災害図上訓練（DIG）

アドバイザーとして、「菅田ほたるの会」より防災士６人、コープより３人参加していただき、グループの指導をしていただきました。

1　各グループをリードするアドバイザー（防災士）のリードで、「災害（地震・河川の氾濫等）が起き、避難が必要となった時」を想定して、避難所（集会所）までの避難の仕方を話し合いました。

2　いろいろな場面を想定した避難の仕方を考えました。

① 避難する前に何をするか？
② 何を持ち出すか？
③ どこを通って避難するか？
④ 一人暮らしのお年寄りの方をどうしたらよいか？
⑤ 怪我をして動けない人がいたら、どのように運ぶか？

など、区ごとに作られたシナリオに基づき、アドバイザーの方に進めていただきました。

＜子どもの感想＞

・ぼくはいつも登下校している中に危険がたくさんひそんでいると、あらためて知ることができました。他にも土砂崩れや池の水があふれるなど、今まで気にしていないこともありました。この授業があったおかげで、これからはもっと安全に登下校ができそうです。何か危ないことがあったら、まず周りの人に知らせ、自分の命を自分で守りたいです。

＜保護者の感想＞

・自分たちが住んでいる近辺を防災マップにしてみると、危険箇所や避難弱者の方など、いろいろ考えなくてはならないことが分かり、子どもと一緒に考える良い機会を与えてもらいました。もっと家族ともよく話し合わないといけないなと思いました。

3　成果と課題

（1）成　果

引き渡し訓練では、保護者の意識も高まってきています。訓練のねらいを今一度確認し、いろいろな方に参加していただけるよう呼びかけていきます。

第 2 章　先進的な防災取組事例　　地震

　防災マップ作りを通して、①日ごろから準備しておく物を確認しておくこと②家族でルールを作っておくこと、③避難判断は早めに行うこと、などの多くを学ぶことができした。この活動を通して児童、保護者の防災に対しての意識が高まり、自分の身を守るための判断材料が増え、保護者も自分達が住んでいる近くの危険な場所などを改めて知ることができ、家族で話し合う良い機会になりました。

（2）課　題
　この取り組みが今回だけで終わることなく、今後もPTA、地域、学校が連携して防災に関する取り組みを行い、「自分の命は自分で守る」意識をさらに高めていきたいと思います。

事例 16 **中学生から始まる、
津波から地域住民の命を守る防災活動**

石川県能登町立小木中学校PTA　四十住基子

> **PTA**　　石川県鳳珠郡能登町立小木中学校PTAは会員54名。役員・学級委員・文化環境委員・広報委員・地区理事を中心に活動を進めている。
>
> **学 校**　　小木中学校は、生徒数46名。各学年15人ほどの子ども達は、兄弟のように育ってきており、学年の垣根を超えて協力しながら学校生活を送っている。また、学校教育重点事項に「生き抜く力の育成」を掲げ、「防災を学校の伝統に、地域の文化に」をモットーに、体験活動を重視した防災学習に取り組んでいる。
>
> **地 域**　　小木は、リアス式海岸に縁取られた風光明媚な土地であり、天然の良港を持つ古くから漁業や海運で栄えた町である。現在でも、漁業に携わる家庭があり、その多くは海辺に住居を構えている。人口2千人足らずの小さな町であるが、5月に行われるきらびやかな旗を立てた船が小木港を巡航する「とも旗祭」や、その他イベントにも積極的に取り組む団結心のある地域だとされている。

1　はじめに

石川県鳳珠郡能登町立小木中学校PTAは会員54名。役員・学級委員・文化環境委員・広報委員・地区理事を中心に活動を進めています。

小木中学校は、生徒数46名、各学年15人ほどの子ども達は、兄弟のように育ってきており、学年の垣根を超えて協力しながら学校生活を送っています。また、学校教育重点事項に「生き抜く力の育成」を掲げ、「防災を学校の伝統に、地域の文化に」をモットーに、体験活動を重視した防災学習に取り組んでいます。

小木　とも旗祭

小木は、リアス式海岸に縁取られた風光明媚な土地であり、天然の良港を持つ古くから漁業や海運で栄えた町です。現在でも、漁業に携わる家庭があり、その

多くは海辺に住居を構えています。人口2千人足らずの小さな町ですが、5月に行われるきらびやかな旗を立てた船が小木港を巡航する「とも旗祭」や、その他イベントにも積極的に取り組む団結心のある地域だとされています。

2 防災活動の軌跡

(1) 防災学習全体の足跡

① 東日本大震災の衝撃

取り組みの始まりは、平成23年3月11日の東日本大震災です。未曾有の災害に、日本全国が驚愕しました。小木ではまず子ども達が動きました。津波が襲った三陸海岸と同じリアス式海岸をもち、漁業の町の子として「他人事」とは思えなかったのでしょう。街角に立ち募金活

ハザードマップ

動を始め、わずか1時間で16万円を超す義援金を集めました。町の人にとっても同じ思いだったのでしょう。

その後、子ども達は地域のお年寄りに聞き取りを始め、「日中は、若い者が仕事で町からいなくなる。その間、何かあったらどうしたらいいだろうか」という不安を聞きました。その時から子ども達は、住民の命を守るのは中学生の役目だと考え、「ハザードマップ作り」「避難経路ビデオ」の制作を開始したのです。

② 避難訓練

小木地区で予想される津波が最大で13m、最速9分で到達することを聞き、子ども達とPTAが協力して避難訓練を行うことにしました。

平成23年5月、第1回目の小木中学校津波避難訓練を行いました。私たちPTA役員は、道路のポイントごとに立ち、安全を確認しまし

避難訓練で協力

た。続けて、7月に第2回目の避難訓練を行いました。この時は小学校、高等学校にも呼びかけ、合同で行いました。東日本大震災で中学生が小学生を誘導し、一緒に高台へ避難したお陰で犠牲者が少なくて済んだという事例を手本にし、住民みんなの命を守る活動を目指しました。

また、9月には避難所体験を行いました。各町内ごとにプラカードを用意し、

PTA役員と中学生の地区リーダーが協力して人員整理を行いました。さらに、県の防災課の指導を受け、段ボールの間仕切り設営に取り組みました。「教えていただくと簡単に作ることができた」「個人の空間が保たれてよい」「長時間の滞在はやはり大変そう」という感想が寄せられました。

③　地域への発信

平成23年秋、「小木から一人の犠牲者も出さない」という願いをもち、学校から地域に向けて防災の必要性を訴える会を開きました。120人の住民が集まりました。PTAも参加し、会の実施を支えました。津波が来たらどんな被害があるのか、必ず避難してほしいという子ども達の思いを伝えました。

④　自主防災組織の立ち上げ

活動2年目の平成24年度は、子ども達とPTAだけではなく、もっと広い範囲に広げ、町をあげての「自主防災組織」が必要だと感じ始めました。子ども達から始まった防災活動、それを見ていたPTAが動きました。PTAの役員を中心に、防災組織の重要性を区長会や商店街の皆さんに呼びかけました。すると地域の皆

自主防災幹事会

さんが「子ども達や親が頑張っているんだから」と賛同し、平成24年10月1日、小木地区に「自主防災組織」が立ち上がりました。地域も動いてくれたのです。

また、同じ年の11月、能登町PTA連合会研究大会において、PTAの防災活動を発表しました。2年間の活動と防災劇を上演しました。それは、子ども達が文化祭で上演したものと同じ演目で、町内の他地区のPTAの方達も、大変興味と関心、そして同じ課題意識をもってくれました。

⑤　学校外の人々、機関との連携

子ども達は、どんどん新たな取り組みを進めていきました。平成24年度は、地震の際に取るべき行動を分かりやすく表した「防災の歌」を作りました。さらに、平成25年度は、小さい子にも遊びながら防災意識を高めてもらうために「防災カルタ」を作りました。続けて、平成26年度は北陸学院大学の学生さんと協力し

防災カルタづくり

第2章　先進的な防災取組事例　地震

て、「防災の歌」に振り付けを加え、「防災体操」を作りました。

このことで一層、防災に対する意識が広がり、小木地区では避難訓練が毎年行われるようになりました。防災訓練にはPTA会員も多く参加し、活動を支えています。

大学生と共に

地域健康クラブに

小学生に

（2）第6回小木地区津波避難訓練

小木地区避難訓練は、平成28年度の今年6回目を迎えました。毎年多くの町民が参加してくれています。中学生も意欲的に取り組んでいます。受付、お助け隊、間仕切り設営、防災カルタ、防災体操といった係に分かれ、住民の方を誘導したり、避難所運営活動をしたりと積極的な姿勢でした。

平成28年度は、小学校、中学校の2か所に分かれ、自宅に近い方に避難することになりました。元々、中学生は少人数の上、2か所に分かれるため、一人一人の責任は重くなりますが、その分やり甲斐を感じたようです。

また今年は、参加者に振る舞うめった汁作りに中学生も携わりました。PTAも前日の準備に参加し、子ども達と一緒に野菜を切りました。加えて当日は受付に立ち、子ども達と一緒に活動しました。子ども達が自分の役割を責任もって果たすだけでなく、率先して他を手伝っている姿も見ることができました。

小中学生でお披露目

中学生とPTAで準備

3 PTAの活動として

(1) 日常的な取り組み

6年間の中で、今では日常的な取り組みとなったことがあります。

① 防災の日　チラシ配布

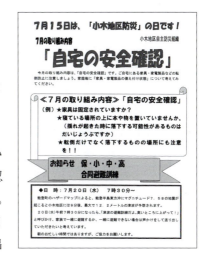

毎月15日は、小木地区防災の日となっています。この日は、家庭・地区で防災意識を確認します。そのために「防災チラシ」を配付します。小学生、中学生が分担し、近所の家庭に配ります。PTAはチラシを基に、家庭で非常持ち出し品の確認をしたり、家具や家屋の点検をしたりします。子どもと一緒に語り考えることで、防災意識を高めようと努めています。

② 避難訓練の見守り

避難訓練にはPTAとして参加すると同時に、子ども達の避難や誘導が安全かどうか見守ります。時には、今年度のように人手が不足する場合は手伝ったり、子ども達だけでは無理なことがあれば力を貸したりします。子ども達が、地域のため、住民の命を救うために取り組もうとしていることがあれば、積極的に助力したいと考えています。押しつけでなく、子ども達自身が気づき、提案していく姿勢を大切にしてきました。

(2) 大切にしていること

① 子どもと共に

まずは、子ども達と共に体験してみることです。活動をし始めた頃は、避難訓練や避難所体験など、子ども達のみならず大人達も初めてのことでした。まずは子どもと共に取り組んでみること、そして、そのことについて話し合うことが大事だと考えます。

② 自らも探して

子ども達の後追いだけではありません。よいとなれば、PTAとして自ら行動することも大切です。今年度は、熊本大地震の義援金活動を子ども達も行いましたが、加えて、PTAとしても別途募金を行いました。今、社会で必要なこと、

地域で期待されることは何かを考えることを大切にしています。

③ 地域に広げて

子ども達だけ、PTAや学校だけでは十分ではありません。折角の子ども達の活動を本物にするには、学校から外へ広げることが必要です。防災学習にとどまらず、「自主防災組織」を立ち上げたこと、「地区の津波避難訓練」に広げたことは、地域にとっても、そして子ども達にとっても意義深いことでした。なぜなら、「小木から一人の犠牲者も出さない」ためには、住民全員の防災意識を高める必要があるからです。たとえ子どもの発案から始まったことであっても、人々にとって良いことならば、大人達も真剣にならなければなりません。

4 子ども達の成長

(1) 学校での成長

防災活動に取り組んで、子ども達はおおいに成長してくれています。学校では、積極性が増しました。防災活動に限らず、様々な活動の場面で、積極的に前に出てくるようになりました。報告したり、感想を述べたり、会で挨拶する際も、時と場合を考えて上手に話せるようにもなっています。それは、防災活動で一人一人与えられた役割を果たしたり、学校外の人と意見交換しながら協力して課題解決に取り組んだりする経験を通して、実践力とコミュニケーション能力が育まれたからだと推測されます。

町へ出て説明

他校の中学生と

また、学習へもよい影響が出ました。机の上の勉強だけでなく、「地域の住民の命を守るにはどうすればよいか」という課題意識を持ち、そのためにいろいろ調べたり、考えたり、表現したりする活動に取り組みました。それらの活動を通して、学習に対する意欲や粘りも見られるようになりました。

町への報告会

（2）家庭や地域での変化

子ども達の防災活動は地域に根付いていっています。この防災活動を通し、子ども達と地域の皆さんの触れ合いが増え、登下校時など自然と挨拶を交わすようになり、地域に一体感が生まれました。

区長さんと協力して説明

私たちは、小木の子ども達に大切にしていってほしいことが3つあります。それは、①自然と挨拶ができること、②こつこつ努力すること、③人のために尽くすこと、です。この3つのことが自然と身に付けば、やがて生きる力を備えた小木健児に育っていくと思います。

この先、どんな災害に見舞われても、地域とPTAと子ども達が一体となって、大切な命を守っていけると思っています。

5 終わりに

私が初めて防災訓練に参加したのは、平成24年度のことでした。長女が中学校へ進学したこともあり、当日はサイレンを合図に普段は車でしか通らない道を懸命に娘と歩いたことを覚えています。学校へ着くと、3年生を中心に先生方と当日担当のPTAの方々が指示を出されていました。その他にも、町内の有志の方から、中古の伝馬船を寄贈していただき、中学生で外回りの修復をし、東北の方に差し上げたこともありました。当時の方々は素晴らしい活動をされていました。

伝馬船寄贈

今年度の防災訓練では、私も受付のお手伝いをさせていただきました。子ども達も与えられた仕事を一生懸命にこなしており、地域の方々も積極的に子ども達の呼び掛けに答え、「間仕切り」や「防災カルタ」等に参加してくださっていました。

大勢の町民参加

「継続する」というのは難しいことですが、中学生を中心として、続けてほしいと思って

町民に見守られて

います。私自身、今後とも防災意識をもって、小木町民として関わっていきたいと思います。

父と娘で参加

PTAの防災活動

事例 17 忘れない あの日のことを
～阪神・淡路大震災～

兵庫県芦屋市立精道小学校PTA　谷川久吉

> **PTA**　兵庫県芦屋市立精道小学校PTAは会員592名。本部役員、クラス役員、運営委員、広報部員、生活部員、愛護部員で構成。児童が安心して学校生活をおくるための安全な環境づくりをめざして、教員と保護者の相互理解と会員同士の親睦を深めつつ親しみやすい、温かみのあるPTA活動を展開している。
>
> **学　校**　芦屋市立精道小学校は、児童数696名。本市8校の小学校の中で最も歴史のある学校である。「自ら学び、自ら歩む子の育成」を学校教育目標とし、「㋞いいっぱいがんばる子」「㋑のちと心を大切にする子」「㋦うしてかなと考える子」「㋒んどう楽しむ元気な子」の育成をめざして教育活動を進めている。
>
> **地　域**　芦屋市のほぼ中央に位置し、芦屋市役所、消防署、警察署、税務署等が近隣にある。また、本校を中心点とし、約800mの円を描いた範囲がほぼ校区となっており、閑静な町並みの中に本校がある。

1　はじめに

本校は、明治5年9月に芦屋小学校として開校、明治19年に精道小学校と改称。本年度で144年目を迎えています。芦屋市のほぼ中央に位置し、芦屋市役所、消防署、警察署、税務署等が近隣にあります。また、本校を中心点とし、約800mの円を描いた範囲がほぼ校区となっており、閑静な街並みの中の学校です（現在在籍696名）。

振り返ること平成7年1月17日、午前5時46分、震度7の激震が芦屋市を直撃しました。この「阪神・淡路大震災」は人々に想像を絶する規模であり、本市にも未曾有の

大災害をもたらしました。442名の尊い命が奪われ、世帯数の約50％の建物が全壊半壊となりました。学校園では幼稚園児3名、小学生12名、中学生7名、教職員2名の尊い命が前途を絶たれました。当時現場で対応した故笠木校長が前頁の言葉を残しています。

2　防災に向けての取り組み

（1）語り継ぐ会の取り組み

本校の1階ホールの震災コーナーには、震災を忘れない意識を高めるため、写真、新聞、手紙、手記、机などを常時展示しています。毎年6年生は総合的な学習の時間に、この地域での震災の様子を学習したり、

学んだことを伝え合う

遺族をゲストティーチャーに招きお話を聞いたりしながら、率直な疑問を解決します。その中で学んだ「地震災害のおそろしさ」「遺族の思い」「命の大切さ」「人と人との助け合い」などを風化させずに伝えていくため、5年生に語り継ぐ場（震災を語り継ぐ会）を実施しています。

6年生の取り組み例

> **（1）交流**
> 学習する前に各自が阪神・淡路大震災について知っていること、聞いたことなどを交流する。最初に『阪神・淡路大震災』、『命』と聞いてイメージする言葉を各自が出し合い、出てきた言葉をグルーピングし、今後の取り組みの方向を班や全員で確かめ合う。
>
> **（2）「人と防災未来センター」の見学**
> 午前中だけの見学だったので時間は十分ではなかったが、1.17シアターの映像や映画・展示物を見て、そして語り部の方の話を聞くことによって、子どもたちは震災についてのイメージを持つことができた。そして、この見学を通して、「真剣に調べ、考え、自分達で語り継ぐ会について取り組んでいこう」という意識が芽生えていった。語り部の話には、「助け合い」についてのことがたくさん出てきた。今まで子どもたちはあまり地震と助け合いを結び付けて考える子は少なかったが、色々な人の話を聞くことによって、地震発生後の状況や人の心理の状態を知るにつれて助け合いや協力の大切さに

ついても考える子どもも増えていった。

(3) 家族からの聞き取り

　当時まだ生まれていなかった子どもたちではあるので、両親や祖父母からその時の様子を聞くことも手掛かりとした。話を聞くと、両親が若い頃でまだ出会って結婚していなかった時に、それぞれが違った場所で、町で震災を別々に経験した話や祖父母が父や母を守ったり親戚がかけつけたり、協力して乗り越えていった話。そして両親が恋愛中でお互いの無事を祈ったことや、一緒にボランティアをした話などを聞くことができて、現実のこととして捉えるには家族からの聞き取りは、色々な視点から話が聞けてよかった。

(4) ゲストティーチャーから話を聞く

　担任していた子どもたちが亡くなったことや親として我が子への思い、後悔、自分の思い、そして地震のメカニズムやその時の町の様子、避難所生活の様子などについて元担任、地域の方、保護者を学校に招き、お話を聞いた。そのとき人は何を思ったかということを考え、普段ほとんど考えることのない死についても考えたり感じたりできた。実際に経験者が語る思いは深く伝わり、より具体的な話を聞くことにより、子どもたちも深刻に、より真剣に受け止めることができた。

(5) 語り継ぐ会（テーマの例）

① 震災直後の様子…震災直後の町や精道小学校の様子、道路・鉄道・ライフラインなどの被災状況、被害者の数などについて
② 避難所・仮設住宅…避難所や仮設住宅について、その数、避難者数、食べること、被災者など
③ 救援物資・手紙・ボランティア…ボランティアの活動内容、救援物資の種類や量、届いた励ましの手紙などについて
④ 復興の歩み…鉄道・道路・ライフラインの復旧状況、町がどのように復興していったのか、また学校再開までの歩みについて
⑤ 防災・減災…防災・減災の意味とその必要性、防災グッズや防災倉庫、災害を減らすための工夫や備えについて
⑥ 追悼式・祈りの碑・献花…追悼式の移り変わりや祈りの碑に込められた思い、追悼式での献花

本校の児童は1年生の時から震災・防災学習の取り組みを見て、経験しているので、子どもたちの意識も高くなっています。また、この間、保護者、地域の方の協力を得ることで6年生は5年生に語り継ぐ役割を自覚しているように思います。

(2) 追悼式の取り組み

震災直後から17日目にようやく学校生活が再開できました。しかし仲間を失った悲しみや混乱する気持ち、そんな子どもたちの様子を見て、「悲しいけれど、亡くなった友だちときちんと別れをして心の整理をつけさせたい」と震災から2か月後の3月15日に「お別れの会」を開き、全校生・遺族・地域の方々、教職員により追悼の気持ちを捧げました。この式をもとにして、翌年の1月17日から「追悼式」が開かれるようになりました。その後、始めた当初は学校主体の追悼式でありましたが、子どもたちが主体となって運営する「追悼式」としました。また、今一度追悼の意味を考え直そう、きちんと震災と向き合う学習と全校を挙げて震災を忘れない取り組みを進めていかなければならないという声が上がり、その翌年から「震災を語り継ぐ会」も始まりました。それらを引き継ぎ、本校が現在も大切にしている「震災を忘れない」取り組み、そして命を大切にする、命を守る「防災学習」の仕上げとして追悼式を継続して実施しています。また「追悼式」は震災で失われた命に対して追悼という意味はもちろんですが、本校では「命の大切さ」を考える特別な機会として大切にしています。今年で22回目の「追悼式」を迎えます。

1月17日早朝、地震の発生した5時46分、夜明け前、空気は冷たく、静かな校庭の「祈」の碑の前には当時の職員、保護者、地域住民が花束を手にたくさん集まります。そして、誰からともなく碑に静かに手を合わせます。

追悼式は、9時30分から始まり、「語り継ぐ会」「学年での防災の学習」を経た全校生が参加し、児童会によって静粛に進められます。そして全校児童、保護者、地域のみなさんが碑の前で、各自様々な思いを胸に手を合わせます。碑の前の祭壇は色紙で作った手作りの子どもたちの花や参加者が手向ける生花でいっぱいになります。この日は日が暮れるまで、地域に拘らず様々な方が訪れます。

3　成果と課題

　震災後20年を迎えた節目の年を終え、各地での震災に関する行事が消えていってしまう新聞記事を目にします。本校では、年がますます経過し、人々の体験や、思いがいつのまにか風化してしまうことを懸念しています。災害は「いつ、どこで、何が起こるかわからない」という意識を継続して持ち続けたいと考えています。覚えている間は伝わるものも多いと思いますが、これから、震災を知らない保護者、教師が益々多くなっていきます。本校では、身近な保護者、教師が学び、語り継いでいくことも視野に入れて、大切な子どもたちの命を守ることを最重要課題として今後もこの取り組みを継続していきたいと考えています。

この「祈」の碑の裏面には、犠牲となった8名の児童名と6名の保護者名が記されている

第2章 先進的な防災取組事例　風水害

事例 18　萩市豪雨災害を経験して

山口県萩市立育英小学校育友会　平野正和

> **PTA**　育英小学校育友会は、会員数54名。執行部、文化広報部、保健体育部、健全育成部、学年部で構成されている。「子どもをしっかり育てよう！保護者・学校・地域の連携で」のスローガンのもと、会員の資質の向上と相互親睦を目的に活動を展開している。
>
> 平成25年7月28日、須佐地域は萩市東部豪雨災害に襲われた。今まで当たり前と思っていた生活が一変し、子どもたちの中には未だに雨が怖いものもいる。
>
> このできごとを契機として、子どもたちの安全で安心な学校・家庭・地域を作っていく取り組みが今まで以上に進められるようになってきた。
>
> 災害の経験から、「自助」「公助」だけでなく「共助」の必要性を感じ、取り組んできたことを通して、防災意識の向上について考えていきたい。
>
> **学　校**　萩市立育英小学校は、児童数68名。「ふるさと須佐を誇りに思う育英っ子を育てる」という教育目標のもと、地域とともに開かれた学校として学校・家庭・地域が一体となった教育活動を展開している。
>
> **地　域**　萩市須佐地域は、山口県の北西部に位置する。須佐湾やホルンフェルスなど美しい自然に恵まれている。長州藩永代家老である益田氏が移住されてから、北浦の政治・文化の中心として発展してきた。萩市立育英小学校の前身となる益田家郷校「育英館」が創建され、幕末には松下村塾とも密接な関係を保ち、学風精神を伝えた伝統がある。その伝統に誇りを持ち、教育にも関心の高い地域である。

1　はじめに

平成25年7月28日、日本付近は大気の状態が非常に不安定であったことに加えて、対馬海峡から山陰地方に向かって暖かく湿った空気が流れ込み雨雲が次々に発達しました。山口県と島根県では、午前中を

中心に記録的な豪雨となり、気象庁は「これまでに経験したことのないような大雨である」と発表しました。特に、萩市東部地域においては、当日の降水量が萩観測史上最大の雨量となり、須佐地域では、1時間雨量138㎜、また、わずか3時間あまりに7月の月降水量の平均値（281.6㎜）を上回る301.5㎜を記録するほどの集中豪雨により甚大な被害を及ぼしました。

（「2013.7.28 萩市東部集中豪雨の記録」萩市災害復興局発行より）

　集中豪雨災害から3年が過ぎました。萩市の実施する復旧工事は、ほとんど終わったそうですが、河川改修や国道に架かる橋の改修が続き、まだまだ豪雨災害は記憶に新しいできごとです。この災害の経験から、「自助」「公助」には限界があり、改めて「共助」の大切さを実感しました。「共助」を充実させるためには、日頃から地域の防災意識を高めるとともに、地域の人々の絆を深めていかなければなりません。そのために、学校として地域と連携し、子どもたちの安全・安心を守っていく必要を強く感じました。

2　育英小学校の概要

　本校は、萩市東部須佐地域にあり、児童数68人の小規模校です。須佐は、北に須佐湾を臨み、古くから港町として栄えた町であり、校名の由来は須佐にあった長州藩永代家老である益田氏の郷校「育英館」からいただいたものです。「育英館」は、松下村塾とも密接な関係を保ち、互いに塾生を交換して、その学風精神を伝えた伝統があります。地域の方々は、その伝統に誇りをもち、教育への関心も高く、学校にもとても協力的です。

　平成25年度までは100名を超える児童が通学していましたが、ここ数年毎年10名前後減少しています。地域としても少子高齢化が大きな課題となっているところです。

3　実　践

（1）ボランティア意識の向上

　災害があった時期が夏休みであったので、災害の知らせを聞いた市内や県内外のボランティアの方々がすぐに集まって復旧活動の手伝いをしてくれました。その他、陸上自衛隊の方々や防災関係機関の方々の働きを目の当たりにした子どもたちに自然と「自分たちにも何かできることはないか」という意識が芽生え、夏休み中は自主的に公民館のボランティア活動に参加したり、ボランティアセン

ターに行ったりして個人で活動を行うようになりました。

　２学期になり、高学年を中心に学校全体で何か取り組めることはないかという子どもたちの声から、「総合的な学習の時間」を使ってボランティア活動を実施することになりました。子どもたちの思いを生活応援センターに提案する場を設定しました。その結果、子どもたちが作成したメッセージカードを入れた生活必需品をまとめた「縁パック」の配布と仮設住宅の表札づくりとその配布につながり充実したボランティア活動となりました。

　子どもたちの活動が地域に活力を与え、子どもたち自身も充実感を味わう活動になったことによって、高学年だけでなく全校にボランティア意識を根付かせる結果となりました。現在も、朝の校内ボランティア活動や地域清掃活動などでボランティア活動を継続して実施しています。また、先日の熊本地震の際も、子どもたちから募金や援助品の差し入れの申し出があったり、

被災した児童を快く迎え入れたりという活動にもつながってきています。

　ボランティア意識の向上は、他者を思いやる心を育てると共に、地域のことを自分のこととしてとらえる意識の向上へもつながっています。豪雨災害の教訓と共に本校に根付いたボランティア意識をますます向上させていくことで、「共助」の意識を育てていきたいと考えています。

（２）防災意識の向上

　災害を契機として、防災意識の向上を目的に萩市社会福祉協議会主催で、各自治会を対象とした「減災のすすめ」という自主防災の取り組みが開始されました。その取り組みの必要性と有効性を感じて、学校でも児童・保護者・地域による防災講座を実施しました。

　平成26年度から、年に２回開催される学校保健安全委員会のうち第２回を学

校安全に関する委員会と位置付け、児童・教職員・保護者・地域を対象とした防災教室を実施しました。平成27年度は、講師として萩市総務部防災安全課の方々に来校していただき、上学年と下学年に分かれて発達段階に応じた内容で企画しました。

下学年は「水害等の災害に関わる危険と安全な行動について学ぼう」をテーマに、ビデオを視聴した後、山口県教育委員会が作成している危険予測学習（KYT）教材を活用して学習を進めました。危険予測学習（KYT）教材とは、1枚の絵を見て、これから起こる危険について考えていくもので、自然災害だけでなく、交通事故や不審者事案など様々なパターンが用意されて

いる教材です。今回は、水害に関する絵を見て、どのようなことがこれから起こるか、参加者全員で考えていきました。講師の指導により、危険と思われる箇所を色分けしたり、グループで話し合ったりしながら、予測していきました。ビデオを見た後の活動であったので、ビデオの内容をふまえた予測が多くなりましたが、参加者一人ひとりが危険を予測し、行動することの大切さを学ぶことができました。

上学年は、「自宅から避難所までの安全な避難経路を探そう」をテーマに、地区別に分かれ実際のハザードマップを活用して学習を進めました。全体説明の後、各グループにハザードマップを拡大し、色を抜いた白地図が配られました。はじめに地図上で自宅と避難場所を探しましたが、須佐地域全体を対象にした大きな地図だったことや色が入っていなかったことで、なかなか見つけることができず、困った様子も見受けられました。次に、線路・道路・川・がけ崩れの発生しそうな場所を色分けして塗り、危険な場所を確認しました。最後に、危険な場所を避けながら自宅から避難場所への経路をグループで考えました。まとめとして、各グループの代表が避難経路を発表しました。実際に配付されているマップを活用することで、ハザードマップを見る目が養われ、いざというときに活用できる力になりました。

今後も防災に関する講座を開催し、さらに意識の向上に努めようと考えています。

第 2 章　先進的な防災取組事例　風水害

（3）地域の絆づくり
① 祭りの活性化を通して

　豪雨災害の発生日、7月28日は地域で最も大きなイベントである須佐弁天祭大花火大会の当日でした。当然、地域住民が楽しみにしていた祭りや花火大会だけでなく、夏の行事は全て中止せざるを得ない状況となりました。

　災害復旧のめどが立ち始めた10月、被災地域の方々を元気づけるためのイベントが市外や県外の方を中心に開催されるようになりました。その中で、須佐地域でも、自分たちの町は自分たちで活気づけようと「須佐元気もりもり祭り」が企画されました。子どもたちも、千羽鶴を作成したり、ステージ発表の合唱を練習したりしながら、祭りを盛り上げるために懸命に取り組みました。

　平成26年度には、全国の方々からの寄付のお陰で弁天祭大花火大会も盛大に実施されました。子どもたちの参加も年々増えており、弁天祭前夜祭のダンスワークショップに出場したり、ふるさと祭りで伝統芸能を披露したりしながら、積極的に地域と関わり、三世代の絆を強める役割を果たしています。

② 自主防災組織を通して

　須佐地域では、消防団の活動が活発に行われています。消防団とは、常勤の消防職員が勤務する消防署とは異なり、火災や大規模災害発生時に自宅や職場から現場へ駆けつけ、その地域での経験を活かした消火活動・救助活動を行う、非常勤の組織です。須佐地域は地区ごとに7分団が編成され、休日を利用した訓練が行われています。私たち保護者の中にも多くの方々が消防団に在籍し活動しています。

　少子高齢化の進展により、消防団だけでは須佐地域全体の消火活動や救助活動が困難になりつつありました。そこで、既に4行政区が連絡協議会を発足させていた地区に自主防災部を立ち上げ、平成24年度から本格的に活動を始めたところでした。「自分たちの地域は、自分たちで守る」をスローガンに、各地区の防災委員の選定、災害時要援護者の確認、地区の避難訓練、自主防災部主催の防災

研修会など、活動を始められていました。

この4行政区は、その翌年に発生した豪雨災害で、被害が大きかった地区の一つでしたが、自主防災組織のお陰で、被害を最小限に抑えることができました。

この自主防災組織の取り組みは、少しずつ須佐地域全体に広がりを見せています。ますます過疎化や少子高齢化が進む中で、このような組織の重要性が増してくるように思います。

4 課題

以上のように、豪雨災害以降、学校・地域・行政の防災や減災に関連する事業が進められています。山口県では、コミュニティ・スクールの推進に伴い学校と地域の連携が進んでいます。また、中学校区を単位とした地域協育ネットの取り組みにより、小中学校の連携も進みつつあります。たとえば、

今年の「須佐元気もりもり祭り」では、祭りの実行委員会に中学校生徒会の役員が参加し、企画段階から地域の方と一緒に祭りに関わっています。小学生も、中学生と一緒にステージ発表だけでなく、バザーのお手伝いなどのボランティアとして関わらせてもらうことにもなっています。地域の絆づくりは、復興と共に少しずつ拡大していき、地域が元気になっていく様子がうかがえます。

しかし、防災に関する取り組みは、連携が不十分だと感じています。学校で実施する防災に関する講座に積極的に地域の方に参加をお願いしたり、自主防災組織と連携したりする取り組みも可能だと思いますし、学校で実施する避難訓練を周辺の住民の方と実施したり、消防団と連携したりする取り組みも必要だと思います。

また、今回の災害は夏休み中であったために、それぞれの地域の取り組みだけで十分だったかも知れませんが、もし通常の授業が行われている時に今回のような災害が発生した場合、どのように学校・保護者・行政が連携し、子どもたちの安全を確保するのかも事前に細かく決めておく必要もあると思います。育友会と教職員が一体となって、行政に働きかけることも出てくるかも知れません。子どもたちの安全を確保するためには、まだまだ準備しておくことがたくさんあります。これからも防災を意識した取り組みを継続していかなければならないと強く感じています。

5 終わりに

　この度の災害で、須佐歴史民俗資料館も大きな被害を受けました。貴重な資料の一部が流出しましたが、多くのボランティアのみなさんのお陰で約8割の資料は復元されたようです。その際、資料館2階の収蔵庫に床畳の裏に文字が書かれているも

のが発見されました。その床畳は地域の方が、家を解体される際に持ち込まれたものでしたが、約200年前（文政4年）の水害の記録を書き残したものでした。その他、歴史民俗資料館が所蔵する古文書や古地図の中にも当時の災害記録が残されていました。

　今回の災害も、後世に伝える必要があるということで、須佐地域ふるさとづくり協議会が中心となって、「2013.7.28 山口北部豪雨災害　次代に伝えたい102人の証言」という冊子ができあがりました。学校でもこの冊子を活用しながら防災教育を推進し、今回の経験を風化させないような取り組みを継続してほしいと思います。

　復興が進む中で、災害に強いまちづくりも進められています。それと同時に災害に強い人づくり・組織づくりも進める必要があります。育友会として学校としっかり連携しながらこれからも取り組んでいきたいと改めて感じています。

事例 19 被災した地域・学校との絆を深める支援活動

山口県萩市立椿西小学校PTA　澄川昌男

PTA　山口県萩市椿西小学校PTAは、会員174名。執行部員、学級部員、研修部員、広報部員、保健体育部員、環境整備部員、校外指導部員で構成。「生き生きと輝きのある学校～ともに歩み・ともに学び・ともに実践するPTA～」をめざして、学校・地域・家庭の連携を重視した活動を進めている。

学　校　萩市椿西小学校は、児童数235名。学校教育目標は、「よく学びよく考え、元気いっぱい、ふるさとに笑顔輝く椿西っ子の育成」。平成18年に、県内小学校で1番目のコミュニティ・スクールの拠点校をめざし、地域に根差した取り組みを進めている。

地　域　萩市は、山口県の北部に位置する、日本で唯一「江戸時代の地図がそのまま使えるまち」といわれるほど、毛利藩政期に形成された城下町のたたずまいが都市遺産として今なお現存しているまちである。また、吉田松陰をはじめ高杉晋作や伊藤博文など近代日本の夜明けを告げた人々を輩出した「明治維新胎動の地」である。

1　実践のきっかけ

「同じ子を持つ親として、私たちにも何かできないだろうか」という思いから、東日本大震災後の平成24年度に、PTA執行部で年間計画を立て、PTA総会で承認を得て支援活動をスタートさせました。その後も毎年のように起こる災害の状況に応じて、支援先や内容を変えながら活動を続け、今日に至っています。

2　災害支援・交流活動の実践

（1）被災地の現状写真展の開催

平成24年度より、東日本大震災や萩市集中豪雨災害等の被災した地域の現状を伝える

自由参観日での被災地の現状写真展

写真展を、参観日やバザーに併せて繰り返し開催してきました。写真や新聞記事だけでなく、現地で支援活動にあたった人の手記も併せて展示することにより、子どもたちはもちろん、多くの保護者や地域の皆さんが展示物に見入る光景が見られました。

（2）関連図書の購入、図書コーナーの設置

子どもたちに、被災地のことや、そこで暮らす人々の思いを知ってもらいたい、防災に対する意識を高めてもらいたいという思いで、関連図書を購入していきました。また、PTAバザーのときに、図書コーナーを設置し、これらの本を置いたところ、たくさんの子どもたちや保護者、地域の皆さんが手にとって読んでいました。これらの本は、学校の図書室にコーナーを設置し、子どもたちがいつでも読んだり、授業で自由に活用したりできるようにしています。

PTAバザーでの関連図書コーナー

☆「たんぽぽ　あの日をわすれないで」文教出版
☆「ひまわりのおか」岩崎書店
☆「ラース　福島からきた犬」SDP
☆「上を向いて歩こう！」講談社
☆「福島の子どもたちからの手紙」朝日新聞出版
☆「宮城県気仙沼発！ファイト新聞」河出書房新社
☆「わたしたちの震災物語」集英社
☆「つなみ　被災地のこどもたちの作文集　完全版」文藝春秋
☆「奇跡の一本松　大津波をのりこえて」汐文社
☆「みんなを守るいのちの授業　大つなみと釜石の子どもたち」NHK出版
☆「ふくしまの子どもたちが描く　あのとき、きょう、みらい。」徳間書店
☆「自衛隊員が撮った東日本大震災」マガジンハウス

＜被災地・防災関連で購入した図書（抜粋）＞

（3）本読み姫による読み聞かせ

椿西小には、PTA会員やOGによる「本読み姫」という読み聞かせボランティアグループがあります。平成10年の設立以来、毎週木曜日の朝の時間に読み聞

かせを続けて行ってくださっています。その方たちが東日本大震災後に、全学級を順番にまわって被災地・防災関連の本の読み聞かせをしてくださいました。

また、平成26年の萩市集中豪雨災害後には、「本読み姫」が被災地の小学校を慰問し、読み聞かせを行い、本をプレゼントされました。

被災地の小学校を慰問して読み聞かせ

本の内容もさることながら、涙を流しながら読まれる方もあり、子どもたちの心に深く響く取り組みとなっています。

(4)「防災」をテーマにした教育講演会の開催

PTAでは研修部が中心となり、近年、防災をテーマにした教育講演会や研修視察も複数回にわたり行っています。

講演では、「過去の災害の教訓」、「これから先起こるであろう災害の想定と県の取り組み」、「災害に備える身の回りの対策」等について拝聴してきました。災害が起きたときは、「子どもは、後で親が必ず迎えに来てくれると信じて逃げる」「親は、子どもが必ず逃げてくれると信じて、後で迎えに行くために逃げる」という家族の話し合い、信頼が大切だという言葉が心に強く残っています。

県土木建築部砂防課による講演会

PTA研修視察では、県消防学校や住宅会社の工場等を見学してきました。

消防学校では、火災・地震を想定した『起震車・煙体験・救助袋』の3つの体験をさせていただきました。

研修視察での救助袋体験

住宅会社では、災害に強い住まいをめざした制震・免震の構造や、快適で安心な住まいをめざした防犯構造を、体験と実験とを交えて教えていただきました。見聞きする知識だけではなく、体験することでいざという時の対応が変わってくることを改めて感じました。そして、命を守るということについて再考する機会にもなりました。

（4）「ドリームチャレンジャー in 萩」から続く交流

平成24年に本校PTAによる東日本大震災支援事業を立ち上げた際、支援・交流校に福島県南相馬市立鹿島小学校を選び、その年の8月に南相馬市の子どもたちの代表を萩に招待し、椿西小の子どもたちとの交流会「ドリームチャレンジャー in 萩」を実施しました。この会を通して、被災地の方々との直接的なかかわりが生まれ、「いのちが大切」から「あなたが大切」へと私たちの思考が変化していきました。それ以来、「大切なあなたのために何ができるか」を意識し、形を変えながらも交流を続けてきました。

ドリームチャレンジャー in 萩

（5）PTAバザーやリサイクル活動等を通しての災害支援、応援メッセージ

災害支援に役立てていただこうと、義援金を応援メッセージ等と一緒に被災地へ届ける活動を続けてきています。

義援金づくりのために行っている主な活動としては、PTAバザー（年1回）とPTAリサイクル活動（毎月1回）があります。その他にも、運動会等の大きな行事の時に保護者や地域の方に募金を呼びかける「ビッグハート基金」や児童会活動等もあります。PTAバザーでは、保護者やOBやOGの方を中心とする「もちつき」や「手作り品」コーナーも加わり、さらなる賑わいを見せています。

平成25年2月には、学校とPTAの代表が義援金等を届けに、鹿島小学校を訪問しました。大変な状況を目の当たりにすると同時に、子どもたちの元気な笑顔に力をもらい、交流を続けて行く思いを強くしました。

毎月のリサイクル活動

鹿島小で活動内容を説明

ひまわりの種ボランティア

その後も、大事に育てた「ひまわりの種」を子どもたちが書いたメッセージカードに入れて送る等、支援の方法を変化させながら交流を続けてきました。

また、萩市集中豪雨災害支援、岩国・和木・広島豪雨土砂災害支援、関東・東北豪雨災害支援と、災害の状況に応じて支援先を広げてきました。今年度は、運営委員会の承認を得て、熊本や鳥取の災害支援を進めていく予定です。

3　成果と課題

活動を進めていくうちに、保護者の方々から予想を超える応援や協力の声をかけていただき、地域の方々からもリサイクル等で温かい支援をいただきました。さらに、子どもたちもメッセージを作成したり募金活動をしたりして一緒に活動する中で、たくさんのエピソードが生まれ、被災地の皆さんとのつながりも広がり、深まってきました。また、防災への意識も確実に高まってきました。

今後は、支援活動がマンネリ化しないよう、学校・保護者・地域が一丸となって支援を始めた頃の思いを次の世代へと引き継いでいきたいと考えています。そして、地域全体で防災について繰り返し議論し、万が一の時に臨機応変に動くことができるための場作りや環境整備を進めていきます。

第2章 先進的な防災取組事例　風水害

事例20　学校・地域と共に取り組むPTAの防災活動

高知県香南市立夜須小学校PTA　門脇正

> **PTA**　会員数102名。文化・厚生部、事業部、編集部の3部で構成。部に所属する代表が本部役員としてPTA活動の執行にあたっている。
>
> **学校**　明治5年創立、児童数153名。保育所、幼稚園、小学校、中学校が隣接することを生かし保幼小中一貫教育を推進している。
>
> **地域**　太平洋に面し、夜須川、大峰山と自然に恵まれた地域であり、ビニルハウスを主体とした園芸作物の生産も盛んである。無形民族文化財である手結盆踊りなどの歴史や文化も生き続けている地域である。

1　災害からの教訓

（1）安政の南海震災

　安政元（1854）年11月4日、地震、津波が発生しました。夜須町では、観音山に数百人が逃げて助かりました。観音山は、夜須の街中心部の北西にある標高27mの小山です。この山が、安政南海地震の大津波が夜須を襲った際、命山となって数百名の命を救ったのです。そのことを、大きな石に刻み、後世への戒めとしたのが、観音

観音山碑文

山の地震記念碑です。この記念碑には、この山は命の山である、宝物を家に残したとしても家に戻ってはならぬなどと記されています。また、八幡宮神官「有安家文書」には、横浜の人家300軒ほどのうち残ったのは20軒ほどであり、手結浦の人家も100軒ほど流されたことなどが記されています。

　このように、太平洋に面した夜須町は、過去の津波災害を教訓として、防災意識が高い地域でもあります。昨今の識者の見解では、南海地震は、今後30年以内に70％の確率で発生すると考えられています。この仕組みで起こる地震（プ

レート境界型地震）は大きな津波を伴って発生するので地震に対する備えと津波に対する備えをしておかなくてはいけません。南海地震の想定規模（M8.4）を上回る場合も十分ありえます。地震はあらゆる場面を想定しなくてはならず、学校と保護者や地域との連携が大変重要になってきます。

2　防災の取り組み事例

（1）地域や学校の紹介

　香南市は、平成18（2006）年3月1日、旧香美郡8町村の中の5町村（赤岡町、香我美町、野市町、夜須町、吉川村）が合併して誕生した新しいまちです。高知市の東部約20〜30kmに位置し、東西約20km、南北約15kmの広さをもち、面積は126.51k㎡となっています。平成14年7月には土佐くろしお鉄道ごめん・なはり線が開業し、さらに高知市と安芸市を結ぶ高知東部自動車道の整備など、地域の広域交通網の強化も将来的に期待されています。

　香南市の東南端に位置する夜須町は、太平洋に面する南部地域から四国山地の一部を構成する北部地域まで南北に長い地域であり、四国山地を源流にする夜須川が町の中心を南北に流れるなど、豊かな水と緑に包まれた地域です。

　また、温暖な気候を利用し、ハウス栽培を中心とした野菜園芸が盛んであり、県指定の無形民族文化財である手結盆踊りなど、先人たちが培ってきた歴史や文化も脈々と生き続けている地域でもあります。

　夜須小学校の施設は、夜須保育所・夜須幼稚園・夜須中学校の三所と隣接して位置しています。この隣接しているというメリットを生かし、平成25年度より保幼小中一貫教育を推進しています。

（2）防災事例の紹介

① 合同避難訓練

　前述の通り夜須中学校区では、保幼小中一貫教育を推進しながら、教育の質の一層の向上を図っているところです。合同避難訓練は、その一貫教育の取り組みの一環です。それまで各施設単独で行われていた地震津波避難訓練を保幼小中合同避難訓練とし、年間3回実施しています。また、この合同避難訓練は、夜須町PTA連絡協議会

合同避難訓練

と共催で行っており、保護者の参加もあり、防災への意識を学校とPTAが共同で高めているところです。

津波災害は様々な状況が想定され、訓練においても毎回、色々なパターンを想定して行っています。ある時は、保育所の幼児を乗せる避難車が使えない想定で、おんぶひもを使用しての避難や斜面崩壊を想定し、避難経路の順路を変えたりなど、色々な被災の状況に対応できる訓練を行っています。

中学生が幼児の避難車に避難経路で出くわした時、自主的に避難車を押してあげるなど避難時における協力の意識も育っています。

② 防災キャンプ

海岸に隣接する夜須中学校区は、津波災害に対しての防災意識を高めなくてはいけません。平成26年には、「防災キャンプ in 夜須 ～ともに生きぬくために～」をテーマとして、地域の方々やPTAにも参加していただき、小学校6年生から中学校3年生までが、「自分の命は自分で守る」をキーワードに防災学習及び宿泊体験を行いました。

防災キャンプ練

夜須中学校区合同避難訓練(地域住民、保護者、中学校生徒、小学校児童、幼稚園、保育所、計約250名参加)から始まり、小学校6年生以上は一次避難場所から約2kmの山道伝いに避難所(町民グランド)へ移動する訓練を行いました。その後、中学校に移動して、高校生らの地震に関する出前授業、PTAや地域の方々の協力を得て、非常食試食体験を行いました。その後、体育館を避難所と見なしての宿泊体験、消防署員による救急処置法の講習、大学教授による防災講話などを行いました。最後に活動を振り返り、今後の取り組みとして自分にできることは何かをPTAや地域の人たちと一緒に考えました。傷病者の運搬の仕方、止血や骨折時の対処、簡易段ボールトイレの作り方などを学べて良かったという感想や避難生活の大変さが実感として理解でき、助け合いが大切であることが学べたなどの感想が書かれていました。

③ PTAと地域が一緒になっての防災学習

夜須小学校では、土曜日等授業日を活用して、PTAと地域を巻き込んでの防災学習を行いました。夜須防火女性クラブの方々を講師に招き、小学校1年生～4年生までとその保護者、地域の人たちが一緒になって、簡単な防災グッズ作り

や非常食試食体験などを行いました。地域の方に「いなむらの火」の紙芝居もしていただき、発達段階に応じた防災意識の育て方を工夫していただいています。防災グッズ作りでは、古新聞紙で作るスリッパ、キッチンペーパーで作るマスク、牛乳パックで作るお皿など簡単に作れる物で児童も楽しみながら活動できました。

牛乳パックでのお皿作り

非常食試食体験では、アルファ米を試食したり、避難ビニル袋で炊くご飯でカレーライスを試食したりしました。

キッチンペーパーでのマスク作り

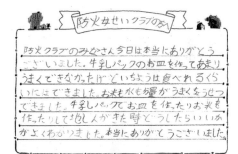
夜須防火女性クラブへのお礼の手紙

第2章　先進的な防災取組事例　地震

事例 21　実践活動を取り入れた避難講座
～学校に避難者が殺到！その時あなたができること～

元福岡県PTA連合会会長　西村澄子

> **地域**　福岡県春日市は、人口112,783人、世帯数47,592世帯で、福岡市の発展に伴いベッドタウンとして都市化が進んだ市で、人口密度は福岡県で最も高く、九州地方では、沖縄県那覇市についで2番目に人口密度が高い地域である。市内12の小学校・6の中学校すべてがコミュニティー・スクールで、『共に育てる「共育」推進』として、『協働のまちづくりにつながるコミュニティー・スクールの展開』・『生きる力（知力・心力・体力・食力＋市民性）の育成』を基盤に、学校・家庭・地域が共に子どもを育てる取り組みを進めている。

1　災害時に必要とされる人材育成の企画からスタート

「災害時に誰もが、避難所のリーダーになることが出来るように！」を合言葉の元、コミュニケーション能力や調整力を発揮しながら、人間関係を損なうことなく、また、合意点や妥協点を探る手法を学ぶことを目的に、この講座を企画しました。

参加者は、現役のPTA役員、役員経験者、先生方に加えて、春日市内の全小中学校でコミュニティー・スクールを推進していることから地域の方々も含めて、連続講座を開催しました。

企画団体は、元PTA役員経験者が多数所属する、春日市で男女共同参画の活動をおこなっている市民団体「春日市男女共同参画ネットワーク春日」で、春日市の行政との連携を密に、28年度の福岡県男女共同参画事業の委託を受けて6回の講座を開催しましたが、本論は4・5回目を述べています（資料①）

(資料①)

回	日 時	テーマ	講師	会 場
1	9月14日 19時～21時	人間関係のトラブルすっきり解決！	安藤美智子さん	男女共同参画・消費生活センターじょなさん
2	9月28日 19時～21時	コミュニケーションの手法を学んで段取り上手！	松木治子さん	男女共同参画・消費生活センターじょなさん
3	10月19日 18時～21時15分	経験者に聞く ～福島・熊本で起こったこと～	佐藤辰夫さん 徳丸宏美さん 今村孝信さん	春日市総合スポーツセンター１階会議室
4	12月7日 18時～21時	さあ！実践だ！ 学校に避難者が殺到 (避難所運営ゲームHUG)	春日市安全安心課	春日小学校体育館
5	1月18日 18時～21時	実践第2弾！ 避難所の運営を体験しよう！ (避難所運営ゲームHUG)	春日市安全安心課	春日市総合スポーツセンターサブアリーナ
6	2月15日 19時～21時	私のできることみ～つけた！ ブレインライティングで会議をかえよう	ネットワーク春日	男女共同参画・消費生活センターじょなさん

2 　避難所運営ゲーム HUG（ハグ）の実践

（1）HUG とは？

　連続講座の中で、4・5回目に行った「避難所運営ゲーム HUG（ハグ）」についての実践を報告します。

　避難所運営ゲーム HUG は、避難所運営を皆で考えるためのひとつのアプローチとして、静岡県が開発したものです。避難者の年齢や性別、国籍やそれぞれが抱える事情が書かれたカードを、避難所の体育館や教室に見立てた平面図にどれだけ適切に配置できるか、また避難所で起こる様々な出来事にどう対応していくかを模擬体験するゲームです。

　プレイヤーは、このゲームを通して災害時要援護者への配慮をしながら部屋割りを考え、また炊き出し場や仮設トイレの配置などの生活空間の確保、視察や取材対応といった出来事に対して、思いのままに意見を出しあったり、話し合ったりしながらゲーム感覚で避難所の運営を学ぶことができます。

　英語の「ハグ（抱きしめる）」という意味から避難所において避難者をやさしく受け入れるという意味も込められています。

　（詳細は、静岡県のホームページを参照 http://www.pref.shizuoka.jp/bousai/e-quakes/manabu/hinanjyo-hug/shiryou.html）

（2）第1回目の実践

1回目の講座の流れは、以下の通りです。

① 避難所運営ゲームHUGの説明
② アイスブレイク「防災すごろく」
③ 避難所運営ゲームHUG実践（1グループ6人の班）
④ インタビュー形式感想

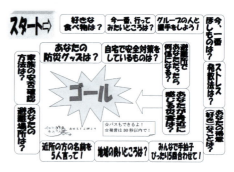
資料②「防災すごろく」

1回目のHUGは、実際に小学校の体育館で開催しました。HUGの説明は、春日市安全安心課の職員から説明を受け、その後、1班6名の班内で、アイスブレイクとして手作りの「防災すごろく」（資料②）を行いました。そして、いよいよHUGの実践。開催地になった小学校の校舎内や校庭の図、体育館の拡大図を使用し、12月4日の午後18時ごろ、小雨の中に、マグニチュード7.2の地震が起きたと想定し、避難者の名前・地区・年齢・自宅の被害状況・家族構成等が記入されている「避難者カード」（資料③）を引きながら、実際に避難者を学校内に避難させていくゲームです。途中、「毛布が01時に200枚到着します。荷降ろしする場所を決めておいてください。」等の「イベントカード」（資料④）もあり、突発的な対応も避難所の運営者として判断していきます。

資料③「避難者カード」　　資料④「イベントカード」　　HUG実践中

まとめは、インタビュー形式でHUGの感想を聞いていきます。今回の班構成は、意図的に、PTA役員のみの班、先生方だけの班、行政の班、管理職の班、高齢の女性の班等、様々な年齢層の班を作りました。構成メンバーにより、進むスピードが分かれました。1番早い班は、校長先生がいた班で123枚。感想は、決断が早く、校長先生のリーダーシップにより、進むスピードが早かったようです。PTA女性のみの班は55枚で、たくさんの思いをくみ過ぎて多くの意見が出てなかなか進まない反省点が出ました。学校の先生やPTA役員がいた班は学校の状

況に詳しく、避難所運営もスムーズに進んだようでした。このように班ごとの感想が実に様々で、意図的に様々な班を作ったことで、リーダーシップの取り方も様々のようでした。また、参加者の生活の中の価値観や選考順位が様々で、進み方や避難所をつくる上での視点が違いとても印象的でした。喫煙スペースを確保する班、ペットは家族同然という班、女性や子ども達への配慮を重要に考える班と考え方はたくさん出ました。

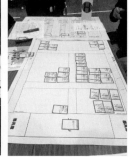

避難所作成中　　　　　　　　　　　13班に分かれHUG実践中

（3）第2回目の実践

2回目の講座の流れは、以下の通りです。
① 春日市の防災について説明⇔備蓄倉庫見学（2班に分かれる）
② 避難所運営ゲームHUGの説明
③ アイスブレイク「防災すごろく」
④ 避難所運営ゲームHUG実践（1グループ6人の班）
⑤ インタビュー形式感想

備蓄倉庫見学

市の総合体育館内にて

HUG実践中

2回目のHUGの実践は、春日市総合スポーツセンター サブアリーナにて開催しました。平成28年4月に新しく建てられた総合スポーツセンターは、市内の中で最大の避難所としての機能も兼ね備えています。最初に市の防災の説明を安全安心課から聞き、備蓄庫見学をしました。備蓄倉庫には、25年保存できる食

料や簡易トイレ、毛布・おむつ等、沢山の災害時に必要なものがあり、880人が3日間まかなえるという説明を聞き、市の対策が確認できたことが良かったと思います。

その後、1回目同様HUGの説明を受け、「防災すごろく」をし、HUGの実践。今回は意図的に班は作らずに、1班6名で13班作りました。

HUG 2回目の方々は、1回目よりも経験があったことで見極められる余裕があったという感想が述べられ、回数を重ねることの必要性を感じ、経験の差が表れたようでした。

3　成果と課題

（1）成　果

実践する前までは、「災害時に誰もが、避難所のリーダーになることが出来るために」という人材育成のための企画でした。しかしながら、グループのメンバー構成により、考え方や優先順位が違い、何度経験しても運営状況が違ってくる中で、避難所運営には、『正解のないことの判断の難しさ』があるということに気づきました。決められた者がリーダーになるのではなく、自分が気づいたことをはっきり提案すること。そして他の人の提案や指示に対しては、自分の意見を押し通すだけではなく協力が大切であること。『協調と決断』。このことが避難所運営時に「その時あなたができること！」なのかもしれません。

（2）課題

数回にわたりPTAだけではなく地域の方々を巻き込み、同じ目線で災害時に避難所で起こり得る状況を模擬でき、経験できたことを今回のみで終わることなく、続けていきたいと思います。PTAで日ごろから培った人間関係を大切にし、次回は中学生や小学生の子ども達にも「避難所運営ゲームHUG」を体験する企画を考えたいと思います。そして、子ども達も災害時の時に思いやりを持ち、いざという時に、活躍できる人材育成に繋げていきたいと思います。

事例 22 小中連携による防災の意識の向上

北九州市立志徳中学校父母教師会、
志井小学校父母教師会、企救丘小学校PTA

PTA　福岡県北九州市立志徳中学校父母教師会は会員662名。本部役員・学年学級委員・広報委員・研修委員・ふれあい委員・育成委員で構成。PTA・生徒・地域青少年育成団体と合同で安全指導を実施する等、学校・家庭・地域との連携を大切に活動している。

　福岡県北九州市立志井小学校父母教師会は会員432名。本部役員・家庭教育委員・人権教育委員・広報委員・サポート委員・安全委員で構成。5つの委員会がそれぞれ活発に活動を行うと共に、学校・家庭・地域との連携を大切に活動している。

　福岡県北九州市立企救丘小学校PTAは、会員643名。本部役員・学年学級委員・教養委員・母姉委員・広報委員・地域生活委員・保健体育委員で構成。各委員会個々の活動の充実を図ると共に、学校・家庭・地域との連携を大切に活動している。

学　校　北九州市立志徳中学校は、生徒数671名（うち1年生199名）。学校教育目標は「自立・共生～自立心にあふれ、他を思いやる心を持った生徒の育成～」。自ら学び・考え、夢や希望を持ち「自己実現をめざす生徒の育成」（自立）と自他の生命や人権を尊重し行動できる「心豊かな生徒の育成」（共生）をめざしている。

　北九州市立志井小学校は、児童数529名（うち6年生88名）。学校教育目標は「知・情・意の調和の取れた人間形成を目指し、社会の変化に対応できるたくましい『生きる力』を身につけた子どもの育成」。協調性をもち礼儀正しく素直な子ども、善悪を考え判断し自主的に集団生活のきまりを守る子ども、責任をもち勤労を愛し積極的に実践する心と丈夫な体をもつ子どもの育成をめざしている。

　北九州市立企救丘小学校は、児童数751名（うち6年生132名）。学校教育目標は「豊かな心を持ち、自己のよさが発揮でき、一人一人が生き生きと活動する子どもを育成する」。笑顔や元気に遊ぶ児童の姿あふれる学校、自分の学校が好きと言える児童の育成をめざしている。

地　域　北九州市小倉南区志徳中学校校区は、北九州市のモノレール沿線上の終点付近にあり、小倉市街地へのベッドタウンとして、住宅地やマンション群が多くみられる。また、すぐ近く、特に志井校区は、付近に山や川があり、土砂や風水害の被害の可能性がある地域でもある。

第 2 章　先進的な防災取組事例　風水害

1　実践のきっかけ

　志徳中学校区の中で特に志井校区は、風水害が起こりやすい地域で、地域の方々は日頃より防災の意識も高く、研修会や防災会議等を繰り返し行っていました。PTAとして会議等に一緒に参加することはありましたが、子ども達がそのような災害にあった時にどう対処できるのか不安でした。

　そのような折、以前志徳中学校区でこの3校が合同で地域の方々と一緒に清掃活動を行っていたことを思い出しました。準備の大変さや、実施日時の調整、地域の方々との人員的な調整など、様々な問題で数年前よりこの活動は中止になっていました。しかし、子ども達が地域に根差した取り組みを行い、地域の方々とふれあうことでシビックプライドを高め、よりよい活動が行えるのではないか、また、対象を小学校6年生と中学校1年生とすることで、中1ギャップの解消や中学生の自立心へのアプローチになるのではないかと考えました。

2　小中連携防災研修の実践

（1）研修の目的と期待する成果

　目的：小中学生が一緒に防災研修を受けることで、防災に対する意識と自分たちに何ができるのかを考える機会を与える。

　期待する成果：
　①防災に対する意識付け
　　（災害とはどんなものなのか、予防や対策は何があるのかを知る）
　②ボランティア活動の実際を知る
　　（自分達子どもが実際の災害時にできることには何があるのかを知る）
　③シビックプライドを高める
　　（住み慣れた自分たちの地域が災害にあったらどうするのか考える）
　④中一ギャップの解消
　　（去年まで小学校にいた先輩と活動し、自分達でもできるという自信を持つ）
　⑤リーダーシップの取り方を学ぶ
　　（小学生と同じグループになり、自分たちがグループを引っ張る意識を持つ）
　⑥地域との連携
　　（地域が行っている防災の取り組みに子ども達も参加していけるようになる）

（2）実施に至るまでの経緯

　実際にこの研修会は、2年間の働きかけと様々な調整の上で、やっと実現した企画でした。はじめは、実践のきっかけでも述べたように、小中が一緒になって活動する企画を立ち上げたいという思いでした。そこから、当時の各小学校と中学校のPTA会長が集まり、どんな取り組みが良いのか意見を出し合い、素案の作成を行っていきました。しかし最初の1年目は素案作りに取り掛かる時期も遅く、年度内での実施は難しいということで、次年度への持ち越し課題としました。

　そして2年目、早々に計画を立てて各学校長への説明とお願いに伺いました。それぞれの学校長からは、趣旨や内容については検討の余地はあるものの、概ねの賛同を得ることはできました。しかし、はじめの計画では、ウォークラリーを行うことが前提になっており、3校共に中規模から大規模の学校のため、たとえ一学年でも100人以上の生徒が動くことになり、安全確保の面や時間的配分の面から現時点では難しいのではないかという意見もありました。また、3校が日程を調整することが難しく、年度行事が決まっている中に新たに大きな行事を入れ込むことの困難さが出てきました。そのため、結局2年目も実施内容の練り直しと日程の調整、確保のため、次年度への持ち越し課題となりました。

　そこで、3年目の年度計画立案前の1月に、行事日程を先に決めてしまい、そこに合わせて最終的に計画内容を見直していくことになりました。何とか3校が土曜日授業の時間の中で、体験学習という一授業として生徒たちが学べるように調整を行いました。そして、実施日を決めたからには、しっかりと計画内容を組み立てなければなりません。そこで、年度が替わり新体制になった4月の終わりに、第1回の会議を各学校長と各PTA会長が集まり、再度の趣旨の確認と計画内容の確認、検討課題の確認をしました。その後は修正案の検討等を1～2か月に1回のペースで会議を開催して議論しました。

　まずは、目的と期待する成果の確認でした。そこに関しては、ほぼ検討することはなく、いかに取り組むのかが大事であるという意見でした。そこで問題になったのが、ウォークラリーの形で行うことの安全性の確保の難しさと時間的配分の難しさでした。計画当初は、各小学校から今後通うであろう中学校へ、中学生と一緒に通学路の確認や危険個所の確認をしながら通うという設定になっていました。しかし、生徒数が大変多いことから、その安全性の確保が難しく、各グループに保護者等を配置することは困難ではないか、また、歩いて来ることに時間がかかりすぎて、中学校に着いてからの研修会の時間があまり取れないのではないか、そして、人数が多すぎて体育館での活動が難しいのではないかということでした。

そこで、ウォークラリーの形式にとらわれず、防災研修と小中連携の活動に重点をおくべきではないかという話になり、中学生が出身小学校に出校し、その古巣の小学生と防災研修を通して交流を図るということになりました。

次に、形式が決まったところで、どのような防災研修にするのか、周辺の学校や地域などで行われている研修内容を参考資料として話し合いました。その際に、最近の出来事として熊本・大分での地震災害での実際の救助活動の状況報告やボランティア活動の実際、そして、災害時の予防対策などの話を聞くことにしました。また、ただ講師の話を聞くのではなく、グループに分かれて交流をしながらの研修を取り入れることになり、今回は、災害食の体験実食と災害避難所に設置されるパーティションの設置体験を実施することになりました。小倉南区役所総務企画課や小倉南消防署予防課予防指導係に伺い、講師依頼や備品等の貸し出しを依頼しました。その際に小倉南区役所総務企画課の地域防災担当係長より、北九州市立大学の大学生の防犯・防災プロジェクト（MATE's）の方が実際に福島や熊本へボランティア活動に行っており、防災についての講演研修も行っているということをお聞きし、小中学生にとって比較的身近な世代から、ボランティア活動を行った実体験を聞けることはとても良いことだということで、併せてお願いすることになりました。

そこからは、開催まで学校、PTA役員を中心に、各講師の方々とも連絡を取り合いながら細かい準備と調整を行っていきました。短い約2時間の間に多くの研修を詰め込んだので、その時間配分にも気をつかいました。また、研修開催場所が同時に2ヵ所で行うということで、講師の方も2ヵ所に振り分けないといけなかったため、はじめは時間帯をずらして、講師の方に移動してもらって話をしていただくという段取りでした。しかし、何とかそれぞれに講師を派遣できるということになり、2ヵ所で同じプログラムの同時進行が可能になりました。

また学校側は、それぞれグループを編成しなければならず、特に中学校は出身小学校別で分けなければならなかったことや、出身小学校が違う生徒がいること、そして出校する場所がそれぞれの小学校であることなど、名簿作りから先生方の職員の体制づくりと大変な作業をお願いすることになりました。

（3）実施状況

8：30　各小学校にPTA役員が集合し、最終準備の確認と当日の役割の確認、

準備等を行っていました。そのような中、中学生が出校してきており、懐かしそうに校舎を眺めている姿が見受けられました。体育館では点呼が行われ、グループごとに分かれて出欠確認を行い、そろった状況で、小学生が体育館へ入場しました。また、地域の方も十数名の方が見学に来られていました。

　9：00　開会行事が始まり、各小学校のPTA会長のあいさつと小学校長のあいさつ、そして講師の紹介を行い研修会が始まりました。消防署の方が少し遅れてくることがわかり、急遽予定を前後させて、北九州市立大学の学生から熊本地震の際のボランティア活動について講演してもらいました。

　9：35　消防署職員から熊本地震での救助活動の実際や災害が起きた際に、どのようにしたらよいのか、日頃から気を付けなければならないことは何なのか、その対策と備えについて話がありました。

　10：20　休憩を挟んで、小倉南区役所総務企画課の職員より避難所の設営と災害食の説明と試食を行いました。

　11：00　閉会行事として、中学校長より研修のまとめとして、防災の取り組みについて、学生としてできることは何なのか、みんなの力がどれだけ大切なのか総評を行いました。

3　結果（児童・生徒たちの感想を踏まえて）

「テレビで被災地の事が出てくるけど、今日の研修でもっとひどい状況なんだと知りました。」「災害食を初めて食べました。意外に美味しかったです。」「実際

に災害が自分の住んでいる場所で起きたら、今日教えてもらったことができるのか心配。」「他人事だと思っていたけど、もし自分の身になったらと考えたら怖い。」「自分も大学生のお兄ちゃんやお姉ちゃんのようにボランティアで人助けがしたい。」「避難訓練の大切さがわかりました。」「避難所の場所が分かりました。」（感想文より一部抜粋）など様々な感想が書かれていました。

　児童・生徒たちは、今回の研修をそれぞれの感受性で学んでおり、実際の防災に対する関心のきっかけ作りは最低限行えたのではないかと思います。その中でも、予防に対して関心を持つ児童・生徒や実際のボランティアの活動に興味を持つ児童・生徒と具体的な思いのある児童・生徒がいることは大きな成果だったと思います。また実際の研修会の中では、災害食の試食の際に中学生が小学生にしっかりとリーダーシップをとって食事を分けたり、グループの点呼を取ったりする姿が多くみられました。

　期待する成果と目的において①～⑤は、それぞれの児童・生徒に対して個人差はあるものの、しっかりと学ぶことができたのではないかと思います。

4　今後の課題

　結果の児童・生徒たちの反応を見ても、防災に対する意識付けや小学生や中学生のそれぞれの世代に応じた目的、シビックプライドの構築に意味のある取り組みであったと思います。今回初めて取り組んだので、今から定着した取り組みにしていかなければ何にもならないと思います。継続できるように修正・変更等を行い、より良い取り組みにしなければならないと考えています。今回研修を受けた小学生が、来年度は中学生として、リーダーシップをとる立場で研修に参加する。そして、その次の小学生がまた中学生になったときに小学生へとつながる研修にしなければならないと思います。それが、本当の意味で防災に対する意識付けと、シビックプライドの構築になると思います。

　また防災の取り組みは、学校が単独で行うことではなく、地域の方々と協力して実施していくことだと思います。そうした意味では、期待する成果と目的において⑥に関して、地域の方が見学に来られたことは評価に値すると思いますが、地域の防災の取り組みに対して参加するというところまでの意識付けは、まだまだ不十分だったと思います。今後は、地域の方との関わりも含めた研修に発展できるようにしていかなければならないと思います。

5　終わりに

　防災の取り組みは、一回研修したから大丈夫とか、年に一回避難訓練しているから大丈夫ということではないと思います。常日頃からの予防と災害発生時の避難方法や対処方法を何度も繰り返し訓練しておかなければ、いざという時には行動できないものだと思います。特に避難訓練では、予告した訓練は動けるけど、予告しない訓練は動けないということがあると聞いています。そうした意味でも、子どもの頃からの災害に対する意識を高めることはとても重要だと思います。

第 2 章　先進的な防災取組事例　　地震

事例 23　横代校区防災訓練

北九州市立横代中学校 PTA、横代小学校 PTA

PTA　　福岡県北九州市立横代中学校 PTA は会員 312 名。本部役員・学年学級委員・研修委員・家庭教育委員・指導厚生委員・人権教育委員で構成。「子ども達の笑顔のために」全保護者参加の PTA をめざして、学校・家庭・地域との連携を大切に活動している。

　　福岡県北九州市立横代小学校 PTA は会員 568 名。本部役員・学年事業委員・広報委員・地域交流委員・家庭教育委員で構成。広報紙を通して PTA の啓発活動を促し、地域に密着した活動を大切に活動している。

学　校　　北九州市立横代中学校は生徒数 313 名。学校教育目標は「人間性豊かで知・徳・体の調和のとれた生徒の育成」。自他を尊重し、自ら考え、正しく判断し行動できる自立と公共の精神をわきまえた生徒の育成をめざしている。

　　北九州市立横代小学校は児童数 669 名。学校教育目標は、「人間尊重の精神に基づき、確かな学力を身に付けさせ、自主的で人間性豊かな感性、強い意志をもった心身ともに健全な子どもの育成」。自分が好き、友達が好き、学校が好き、そして家族と地域が好きな児童の育成をめざしている。

地　域　　北九州市小倉南区横代中学校校区は、北九州市小倉南区の中央部にあり、小倉中心部の街と郊外の新しい住宅団地が共存する地域である。「横代神楽」や安徳天皇をしのぶ「しびきせまつり」等の伝統文化を継承する町でもある。また、北九州市内では唯一の「一小学校一中学校」の地域である。

1　はじめに

　平成 23 年に発生した東日本大震災をはじめ、わが国では近年自然災害が多発しています。北九州市小倉南区横代校区では、幸いにもこれまで大きな災害も無く、自然災害による犠牲者は発生していません。しかしながら、近年の気候状況の変化によるゲリラ豪雨の多発、及び台風の巨大化等を考えた場合、横代校区においても、いつ災害が発生してもおかしくない状況です。また地震に関しても校区内に小倉東断層があり、地震に対する備えも行わなければなりません。しかし

ながら、横代校区の住民は、これまでに大きな災害を経験していないので、危機意識がとても低いのが現状です。このため、子どもたちから「自分の命は、自分で守る」という意識を持たせるために、平成25年から横代中学校・横代小学校・横代中学校PTA・横代小学校PTAが主催して、地域の方々と合同で、防災訓練に取り組んでいます。

2　横代校区の概要

横代校区は、北九州市小倉南区の中央部にあり、人口13,000人余り、世帯数約6,000世帯、28町内会がある自治会です。「横代神楽」や安徳天皇をしのぶ「しびきせまつり」等の伝統文化を継承する町であります。また、小倉中心部の郊外の新しい住宅団地が共存する地域でもあります。

横代校区には、横代中学校（生徒数313人）、横代小学校（児童数669人）の2つの学校があります。北九州市内では唯一の「一小学校一中学校」の地域です。

また、地域住民と小学校・中学校の児童・生徒との交流は活発に行われています。毎年1月に実施する横代っ子を育む集い（どんど焼き）をはじめ、様々な地域行事に小学校・中学校の児童生徒が積極的に参加しています。

3　横代小中合同防災訓練の目的及び実施内容

① 目的

横代校区の児童生徒が、この地域における災害時に、主体的に地域のお年寄りを含む住民の方々を巻き込み、率先避難者として行動できる力を養うとともに、校区における危険箇所を自分たちで確認し、危険を回避する能力を育てることを目的とします。また、災害が発生した場合に、避難所で自分たちができる生活の工夫や避難者への上手な関わり方を学ぶことも目的としています。

② 全員での避難訓練

朝の登校時刻に、一斉メールによる「避難勧告発令」の情報を伝え、児童生徒は、地域の方々に声をかけながら、指定避難場所である「横代小学校」及び「横代中学校」に避難します。地域住民の方々は、併せて住民組織で作成している連絡網による、連絡訓練を行い、それぞれの指定避難場所に避難します。児童生徒は、学校に避難したのち、学年ごとに計画された訓練を実施します。

③中学1年生と小学5年生

校区内の危険な場所及び安全な所など、まち歩きをして確認し、安全マップを作成します。実施要領としては、小中学生135名を9グループに分けて、それぞれのグループごとに北九州市立大学の防犯・防災プロジェクトの大学生の指導を受けて、まち歩きを実施します。その後、小学校に戻り、3グループごと3教室でマップ作りを行います。

④ 中学2年生と小学6年生

避難所において児童生徒に、「保護される立場ではなく、避難生活の中で自分たちのできることは、自分たちで行うことができるようにする」という意識を持たせたいと思います。また「避難者の中には、初めて会う、世代の違う地域の方々もたくさんいる」ということを理解させ、上手にコミュニケーションが取れるようにするために、チームビルディングとして、NPO法人明日育のASTRUST（アストラスト）プログラムを実施します。

⑤ 中学3年生と小倉南障害者地域活動センター

中学3年生31名は、中学校の近くにある、小倉南障害者地域活動センターにおいて、車椅子を押して避難を支援する訓練を実施します。また、この施設は、福祉避難所に指定されているので、福祉避難所について、職員の方からの講話も実施します。

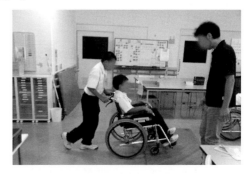

⑥ 中学3年生と小学1～4年生

中学3年生4～5名で1チームを作り、小学校1～4年生の各クラスで、小学生に対して、災害時に使用できる、新聞紙のスリッパや、ごみ袋のポンチョなどの作り方を学びます。

⑦ 閉会式

各学年ごとの訓練終了後、小学校の体育館に全員集合し、閉会式を行います。

この時、各学年の代表者が、感想を発表し、訓練の振り返りを行います。また、緊急時にどこに避難するかを事前に家族で話し合い、その結果を記入する「災害時連絡カード」（北九州市教育委員会作成）についての説明を実施します。

4　成果と課題

　平成25年から毎年取り組み、今年度で4回目の訓練を実施しました。参加者も毎年増え続けて、今年度は約1,500人の参加があり、当初に比べて、児童生徒のみならず、PTA会員、地域の方々の意識も高まって来ています。

　また、「自分の命は、自分で守る」「自分たちの命は、自分たちで守る」という意識が徐々についてきています。

　今後、さらに意識を高めるために、より災害を具体的にイメージできる訓練プログラムにしていく必要があると思います。

　この訓練は、毎年1回のイベント的な取り組みです。より成果を上げるためには、日常生活におけるちょっとした防災の取り組みが、児童生徒に対してできるように、取り組みを工夫していくことが重要だと考えます。

事例24 自然災害からの学びと教訓・防災への取組

福岡県八女市立上陽北汭学園PTA　会長　末廣修一

1　学校概要

　八女市立上陽北汭（ほくぜい）学園は、福岡県南部の筑後地方にあり、「八女茶」で全国的に知られる八女市のなかで東部中山間地に位置する上陽町にあります。10年以上の歳月をかけて上陽町内にあった8つの小中学校が統廃合を繰り返し、平成21年度から小中一貫教育校「上陽北汭学園小学校・中学校」として開校されました。

　平成24年度からは施設一体型校舎による小中一貫教育が始まり、職員室が1つとなり、校長1名・教頭2名体制となりました。そして平成29年度には学校教育法の改正に伴い、小中一貫教育校から「義務教育学校」に移行することになっています。

　児童生徒数は、9学年あわせて約180名（1学年1学級20名前後）、PTA会員数は、約150名（教職員を含む）となっています＜平成28年11月現在＞。今回は、平成24年の夏に見舞われた九州北部豪雨のときに学んだ教訓と、その後の防災に関する取り組みについてご報告させていただきます。

2　九州北部豪雨

第2章　先進的な防災取組事例　風水害

　平成24年7月14日（土）早朝、八女市の星野村と上陽町の一部の地域で例年をはるかに凌ぐ梅雨時期の大雨と7月11日から続く豪雨による土砂崩れで道路が通れなくなるなどして孤立した状態となりました。
　当日の学校日誌には下記のような内容が記載されています（児童生徒に関係する部分のみ抜粋）。

＜災害当日＞7月14日（土）【雨】
週休日、終日停電・部活動【中止】・弁論大会【中止】・オープンスクール【欠席】・体験入学【欠席】・県PTA市町村代表者会議【欠席】 ※子どもたちの活動だけでなく、教職員の出張もすべて中止または欠席 ＜特記事項＞ 大雨のため矢部川堤防が決壊。周辺地域に洪水等の被害。避難指示により本校体育館が避難所と指定。昼間150名・夜間340名
＜災害から2日目＞7月15日（日）【晴れ・曇り】
週休日、部活動【中止】・祇園祭【中止】・花火大会およびPTA生活指導委員会巡回指導【中止】・臨時校長会が午後1時より開催 ＜特記事項＞ 避難指示により町内の障害者支援施設から94名が午前中に学校に避難。その後、正午までには全員退所
＜災害から3日目＞7月16日（祝・海の日）【晴れ】
職員臨時集合8時30分 ・17日（火）以降の児童生徒の出校等について ・17日（火）休校の連絡を全児童生徒宅へ連絡
＜災害から4日目＞7月17日（火）【晴れ】
・臨時休校（断水のため）＜1日目＞ ・18日（水）休校の連絡を全児童生徒へ ・午後に校区巡回指導 ＜特記事項＞ ・15時に水道復旧。飲料水としては使用不可。
＜災害から5日目＞7月18日（水）【晴れ】
・臨時休校＜2日目＞ ・19日（木）休校、20日（金）午前中授業の連絡 ＜特記事項＞ ・水道水は飲料用としての使用不可。
＜災害から6日目＞7月19日（木）【晴れ】
・臨時休校＜3日目＞ ＜特記事項＞ ・水道水が飲料用として使用可能となる（15時～）

<災害から7日目>7月20日（金）【曇り】
・児童生徒通常時間に登校 ・全校集会 ・午前中授業 ・保護者会 in 学習室
<災害から8日目>7月21日（土）【雨】
・週休日 ・部活動　バレー部・剣道部：午前中 ・弁論大会 in 広川町産業会館（生徒1名参加）

当時の教頭先生に話を伺いました。

　一晩中豪雨が続いた14日（土）の早朝に目覚めると、すでに自宅の周囲は冠水しており、学校へ向かうことができませんでした。停電にもなっており、連絡もままなりませんでした。ただ幸運にも、学校に隣接するところに住んでいた用務員さんとは携帯電話でなんとか連絡がとれ、校門や体育館の鍵を空けてもらい、自主的に集まってきたり、近隣住民や自治体（八女市役所上陽支所）からの要請による町内からの避難者の受け入れを行なうことができました。

　正午には約150人が体育館内に避難していましたが、お昼過ぎにトイレ用の水が出なくなりました。原因を調べてみると、タンク内の水がすべて使われてしまい、停電で新たな水を汲み上げるためのポンプ等がまったく動かなくなっていました。その後、あっという間に汚物が溜まってしまい、衛生上の問題がすぐに生じてしまいました。

　危機管理マニュアル（不審者が学校内に侵入したときなど非常時の対応）は学校として整備していますが、こうした豪雨や洪水などの自然災害によって管理職が学校に来れない場合などの想定はしておらず、たいへん苦労しました。校長も冠水や倒木のため学校に来るのに相当の時間を要しました。

　不幸中の幸いだったのは、崖崩れ等の甚大な被害が出たのが土曜日早朝ということで、週休日であったため、子どもたちに直接的な被害が生じることはなかったということでした。

　ただ、上陽北汭学園に通う1名の生徒の家屋が完全に流されてしまいました。そのときは学級委員さんたちが中心となり、クラスにてカンパが実施され、相当額のお見舞金をその家族にお渡ししました。そして制服や学用品など学校生活に必要なものも、業者からの寄付や地元の人たちからの援助で9月から学校が再開された時点では、ほぼすべて揃えることができました。

第 2 章　先進的な防災取組事例　風水害

　昨今の異常気象による極端な大雨やそれに伴う洪水や崖崩れなどの自然災害が発生して、道路がふさがり、停電して、電話連絡さえもできず、学校の管理職や職員が学校に行くことができないといった非常事態のときに、関係者がどのように動けばいいのかなどの事前対策や申し合わせをマニュアルとして整備しておく必要を強く感じました。

　九州北部豪雨による大きな被害が八女上陽地区内でも広がりましたが、地域住民・自治体・消防・警察等による多大な尽力のおかげで、被害は最小限に抑えられたと信じています。
　ただ、そのたいへんなときに上陽北汭学園PTAは、PTAとして主体性をもって活動できたかと自問してみると、実際のところ活動らしきものはほとんどできていなかったのが実状でした。
　そうした反省もあり、九州北部豪雨以前から年に1度行われていたPTAと学校と地域による「校区ネットワーク会議」という情報交換の場に、新たに警察と消防にも参加していただき、地域の安心安全や地域の子どもたちに関する状況について講話していただく機会をつくることになりました。おかげで災害時に備えて日ごろから地域や関係団体が連携を密にして、必要とされる活動が円滑に進むように、そして情報交換の場をより充実したものにするという意識が高まりました。
　またPTA組織を構成する上陽町内各地区から選出されて、主に年に2回行われる「リサイクル活動」で地区でのお世話をする「地区委員（10名）」は、災害が発生した際には、各地区における被害状況・通学路の状況・子どもたちが登校することが可能かどうかなどの情報を速やかに学校とPTA会長へ連絡することとしました。
　当初の連絡手段は電話と電子メールを想定していましたが、最近では、PTA会員同士は、普段からLINEグループにて情報共有しており、各地区の被害状況などは、逐一LINEグループに投稿するといった申し合わせをしています。

3　少年消防クラブ

　平成24年の夏に発生した「九州北部豪雨」がきっかけとなり、自然災害から子どもたちの命を守るということがPTAのなかでも話題となりはじめました。しかし何をすべきなのか、どこから手をつけていけばいいのかと手探り状態のままなかなか妙案が浮かびませんでした。そうしたころ以前から地元の八女消防本部上陽分署の消防職員の皆さんがお世話をする「八女市上陽消防クラブ」のこと

自然災害からの学びと教訓・防災への取組

が話題となりました。

全国に4558団体（平成26年5月1日現在）あり、約42万人（同）がクラブ員として活動して多様なクラブ活動が展開されている「少年消防クラブ」。＜公益財団法人 日本消防協会ホームページより＞

八女市上陽町唯一の小学校と中学校である小中一貫教育校の上陽北汭学園を対象とした「八女市上陽消防クラブ」が、平成22年度に少年消防クラブ（リーダー）を結成しました。クラブ員は、小学校5～6年の2年間を通して「町歩き防災マップ」作成や「水難泳法教室」や地域での行事に積極的に参加するなどして、基本的な防火・防災に対する意識づけを行なう活動を続けていました。

結成当初は、10名ほどのクラブ員数だったのですが、地域と一体となった少年消防クラブの活動の充実が功を奏し、そして九州北部豪雨による災害の恐ろしさを目の当たりにしたこともあり、参加者が着実に増え続け、現在では5～7年生（中学1年生）までの3学年で35名前後の児童生徒がクラブ員として活動しています。

毎年6月に行われる「少年消防クラブ大会」には、校長先生とPTA会長が来賓として列席しています。消防署職員による気合の入った号令とともに起立－礼－着席を繰り返す子どもたちを見ると、毎回たいへん頼もしく感じます。

クラブをお世話する消防職員さんは「少年消防クラブの活動を通して子どもたちが地域の人たちとふれあう機会をもち、普段から子どもも大人もみんなが"顔見知り"であることが有事の際に、避難誘導や救助活動や情報伝達を円滑に進めることができる素地をつくるのです」と話してくれました。

≪少年消防クラブ年間行事≫

月日	行事内容
6月	八女市上陽少年消防クラブ大会
8月	夏季研修・万灯流し参加
1月	消防出初式パレード参加
1月	少年消防クラブ新春防火標語展
2月	少年消防クラブ視察研修

こうした少年消防クラブの地道な活動が、地域における多世代間の意思疎通のための潤滑油になっていると言えます。

ここで少年消防クラブとして子どもたちが集まると、毎回大きな声で音読する「クラブ員の誓い」をご紹介します。この誓いを読みあげる子どもたちの姿を見ていると、たいへん誇りに思います。

クラブ員の誓い
　☆私たちは、火の用心につとめます。
　☆私たちは、礼儀ただしくします。
　☆私たちは、約束を守ります。
　☆私たちは、素直にします。
　☆私たちは、たがいに助け合います。
　☆私たちは、つねに感謝の気持ちを忘れません。
　☆私たちは、お父さんお母さんを大切にします。

4　まとめ

　ふるさと八女奥八女は、風光明媚で温暖な気候であり、昔から大災害に見舞われることがほとんどなく、安心安全な環境のなかで子育てができ、野山を駈ける子どもたちは大らかに、そして健やかに成長できるたいへん恵まれた地域でありました。しかし平成24年夏の九州北部豪雨により、甚大なる被害を受け、道路や通信網が寸断され、学校が休校となり、体育館が地域住民の避難所になるといった被災を体験しました。

　数十年に1度の災害であったとは思いますが、全国そして全世界における昨今のこれまで体験したことのないような異常気象を目の当たりにすると、これからも予想もつかないような大災害が起こりうると心に停めておく必要があると思われます。

　万一の災害のときに子どもたちを守る、そして子どもたちの日常の安心安全を確保するためにもっとも手軽に取り組めること・・・それは子どもたちとその保護者たちが、みな"顔見知り"になることではないでしょうか。

　あの子のお父さんとお母さんは誰で、どこの地区に住んでいる。あの子たちは、いつもいっしょに歩いて通学しているけれども、いつもいる○○ちゃんが今日はいっしょじゃないみたい。どうしたんだろう？と気にかける。

昔ながらのご近所づきあいを取り戻すのは今では難しいと思いますが、自分の子どもが通う学校の子どもたちやその保護者のことをできるだけ気にかけて、何か困ったときはお互い様といって助け合う。

　PTA活動も本来、子育てに奮闘する親たちが集まって、悩みごとを相談したり情報交換したり切磋琢磨したりと、お互い譲り合い助け合いながら活動する団体です。

　PTA会員1人ひとりが、これまで以上に会員同士の気遣い心遣いと譲り合い助け合いの気持ちをもって接したり、交流したりして"顔見知り"の輪を広げていくことが、子どもたちの成長につながる環境づくりだけでなく、予期せぬときにやってくるかもしれない自然災害に対する防災への第1歩となることを確信しています。

編集後記

　2011年3月11日、突如として襲った未曾有の大震災は多くの人命を奪い、街を破壊しました。東日本大震災から6年が経ち今なお、復旧がままならない地域もあり、今後の生活に不安を残しながら生活される方々が多くいらっしゃいます。近年では昨年の4月に熊本地震が発生し多くの被害を被っています。過去を紐解きますと、地震大国と言われる我が国は、地震以外の災害が頻発しています。地震、風災害、火災、台風、雪災など枚挙に暇がありません。今や時と場所を選ばず、いつ私たちの身近で災害がおきてもおかしくない状況の中、いかに身をまもり安全を確保するかは大変重要な課題です。過去の事案のなかでも家庭や学校あるいは地域ぐるみで対応し、身の安全につながったケースも多く存在します。日本PTAでは子ども達の健全育成を願い日頃より活動しておりますが、保護者も子ども先ずは安全に安心して暮らせる環境の下支えがあってこそ「健全育成」に向かう事ができると考えます。

　如何なる災害からも身を守りぬく事を考え、日頃から備えを行うとともに、災害発生時には素早い対応が必要です。

　今般、「防災事例集」の発刊にあたって、全国の多くのPTA・地域の皆様から防災活動の事例を提供して頂きました。過去の災害の教訓から、仮に身近で災害が発生してしまった場合、如何に対応すべきか、初動から避難経路、避難場所に至る導線を日頃から地域ぐるみで理解しておくことや、避難場所で過ごすことになった際の諸注意、身近な物資で生活できるように工夫をすることなど実に考え抜かれた活動をしており、「防災」の意識を日頃より意識した活動など多く紹介しています。

　事例の編集において共通して感じた事は、保護者や地域の皆様が何としてでも災害から子ども達を守り、心身ともにサポートしていく大人としての覚悟とその思いが感じられました。「防災」というキーワードを切り口に全国の活動を見る中、日頃の活動の中心に子ども達があり、大人が責任を持って育てている様子が伝わってまいりました。

　本書をお読み頂いた皆様には、日頃の活動の一助としてお役立て頂ければ幸甚でございます。結びに、本書出版にあたってご寄稿頂きました全国のPTA・団体・個人の皆様にはご多用の中ご尽力頂きましたこと厚く御礼申し上げます。また様々なご指導・ご助言を頂きました、㈱ジアース教育新社の加藤勝博社長はじめスタッフの皆様、本当にありがとうございました。

編集委員長　東川勝哉

監修・編集委員一覧

監修　**大矢根　淳**　専修大学人間科学部教授

編集委員会

寺本　　充	公益社団法人日本PTA全国協議会	会長
編集委員長 **東川　勝哉**	公益社団法人日本PTA全国協議会	副会長
高尾　展明	公益社団法人日本PTA全国協議会	専務理事・事務局長
齋藤　芳尚	公益社団法人日本PTA全国協議会	常務理事
尾上　浩一	公益社団法人日本PTA全国協議会	顧問
西村　澄子	公益社団法人日本PTA全国協議会	平成25年度常務理事
池田　由美	公益社団法人日本PTA全国協議会	事務局次長
原口　美穂	公益社団法人日本PTA全国協議会	事務局　総務主幹
森田　祐美子	公益社団法人日本PTA全国協議会	事務局員

PTA 防災実践事例集

自然災害からの学びと教訓

平成 29 年 5 月 3 日　初版第 1 刷発行

- ■監　　修　大矢根　淳
- ■著　　作　公益社団法人日本 PTA 全国協議会
- ■発 行 人　加藤　勝博
- ■発 行 所　株式会社　ジアース教育新社

　　　　　　〒 101-0054　東京都千代田区神田錦町 1-23　宗保第 2 ビル
　　　　　　TEL：03-5282-7183　FAX：03-5282-7892
　　　　　　E-mail：info@kyoikushinsha.co.jp
　　　　　　URL：http//www.kyoikushinsha.co.jp/

- ■表紙・本文デザイン　株式会社彩流工房
- ■表紙イラスト　青沼貴子
- ■印刷・製本　シナノ印刷株式会社

Printed in Japan
ISBN978-4-86371-413-7
定価は表紙に表示してあります。
乱丁・落丁はお取り替えいたします。（禁無断転載）